U0895029

经济增长的福利转化效应：中国与世界比较

武 剑 著

中国财经出版传媒集团

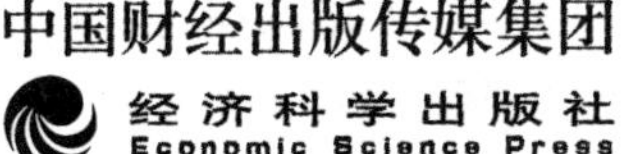

图书在版编目（CIP）数据

经济增长的福利转化效应：中国与世界比较/武剑著．
—北京：经济科学出版社，2019．1
ISBN 978－7－5141－9632－0

Ⅰ．①经…　Ⅱ．①武…　Ⅲ．①社会福利－对比研究－中国、国外　Ⅳ．①D632．1

中国版本图书馆 CIP 数据核字（2018）第 185887 号

责任编辑：周国强
责任校对：刘　昕
责任印制：邱　天

经济增长的福利转化效应：中国与世界比较
武　剑　著
经济科学出版社出版、发行　新华书店经销
社址：北京市海淀区阜成路甲 28 号　邮编：100142
总编部电话：010－88191217　发行部电话：010－88191522
网址：www．esp．com．cn
电子邮件：esp@ esp．com．cn
天猫网店：经济科学出版社旗舰店
网址：http：//jjkxcbs．tmall．com
固安华明印业有限公司印装
710×1000　16 开　13 印张　180000 字
2019 年 1 月第 1 版　2019 年 1 月第 1 次印刷
ISBN 978－7－5141－9632－0　定价：79．00 元
（图书出现印装问题，本社负责调换。电话：010－88191510）

感谢中国博士后科学基金对本书出版资助

前　言

本书将森（Sen）的“可行能力方法”的福利理念和戴利（Daly）的经济增长绩效思路相互融合，构建了一个基于“森－戴利”（Sen－Daly）模式的社会福利理论分析框架，在这一框架下，分别运用动态因子法（DFA）、随机前沿法（SFA）、倾向得分匹配法（PSM）等计量分析方法，从跨国的视角，对世界55个主要国家的福利转化状况进行全方位的比较分析，从而为分析和判断中国的福利转化水平在世界范围所处的发展状况提供了多角度、全新的参考依据。

首先，从各国的福利指数水平和增长速度比较来看，基于森理念和庇古（Pigou）理念的中国福利指数都要低于发展中国家、世界55个主要国家平均水平，更要远远落后于发达国家的水平。但是森理念的中国社会福利指数与上述各类型国家的差距明显要小于基于庇古理念的中国福利指数与上述各类型国家的差距。同时，基于森理念的中国社会福利指数的平均增长速度要明显高于庇古理念的平均增长速度。这些情况说明：与世界相比，中国在医疗、教育、社会保障等方面的福利发展状况都要明显好于在庇古理念下仅以消费这一指标所代表的福利发展状况。从中国与世界各国福利的发展趋势来看，基于森理念的中国福利水平从2001年开始与发达国家、发展中国家、世界全样本国家的福利水平差距呈现出不断缩小的趋势，中国的社会福利表现出“追赶”上述各类型国家的状况，呈现出的是一种进步状态。而基于庇古理念的中国福利水平与上述各类型国家福利总体差距却越来越大，呈现出的是一种落后状态。从各国福利指数的收敛性比较看，以中国为代表的发展中国家，其内部基于庇古理念的福利收敛速度要明显快于发达国家的收敛速度，而发达国家内部基于森理念的福利收敛速度却要明显地快于发展中国家，这些情况表明广大发展中国家的福利发展思路似乎仍然停留在庇古的福利理念上，注重消除在消费或人均GDP方面与先进国家的差距，而对于医疗、教育、社会保障等方面的福利发展，以及消除这方面与先进国家之间的差距却相对不够重视。

其次，从一国福利转化水平与自身的经济增长和福利转化效率比较来看，通过计量检验发现：每一个国家相对于每一年的GDP水平和福利转化效率，都存在一个促进福利转化的最优努力度，当达到这一努力程度时，经济增长与福利转化的耦合度最高，也即一国的社会经济和谐发展达到了最高水平。中国在1998~2012年的观测期间内都没有达到最优努力度，但是与世界其他国家相比，中国在这15年间促进福利转化的努力度与最优水平差距并不大。特别是2010年后，中国迅速提升了促进福利转化的努力程度，在2012年，中国的实际努力度几乎接近了其最优水平。这一计量结果实际在表明：中国进一步提升本国的福利空间并不大了，虽然目前中国用来促进福利转化的社会努力度已使本国的社会经济和谐发展程度几乎达到了一个最优状态，但是这种最优状态是一个低水平的最优状态，是建立在一个比较低的人均GDP水平和比较低的福利转化效率上的，这种低水平的福利转化最优状态是一种不可持续的状态。因此，要想进一步提高中国的福利转化水平，关键是在于：提高中国的福利转化能力，即福利转化的最优社会努力度，对于中国当前较低的人均 GDP 水平状态来说，要想尽办法来提高其经济增长的福利转化效率。

再次，从福利转化对经济增长的联动效应看，依据艾斯平·安德森对福利国家的划分标准，通过对三类典型福利国家的比较，本书总结出高福利模式下经济增长的两类典型化事实。第一类是：以瑞典为代表的实行社会民主主义模式的国家，其表现出高社会福利有利于经济增长的情况。第二类是：以美国为代表的新自由主义模式的国家，其却表现出高社会福利有损于经济增长的情况。通过运用 PSM 法进行深入量化分析，研究发现：在控制了样本选择偏误前提下，实行高社会福利国家的经济增长水平要明显高于其不实行高福利情况下的经济增长水平。由此，本书倾向支持第一类典型化事实，即高社会福利有利于经济增长，这反映出高社会福利不仅意味着高福利转化效率，而且还能反作用一国人均 GDP，即生产率，促进其提高，从而实现戴利式的整体经济增长绩效提升。

最后，本书主要围绕如何促进中国的福利转化效率提升，在制度层面上提出三点政策建议。第一，树立“社会投资”理念，建立预防型的社会福利体制。第二，推进社会福利的社会化改革，积极支持多元化社会力量兴办社会福利事业，使之成为社会福利的重要提供者。第三，应尽快建立与中等经济发展水平相适应的普惠型社会福利制度，从而使人民能够享有全方位、有保障的高质量生活。

目 录
CONTENTS

第一章

导　论

第一节　研究背景及意义

长期以来，新古典经济学基于庇古（A. C. Pigou）的福利理念，将消费或者 GDP 视作效用的代表，用以反映个人或国家的福利状况，同时将要素的生产效率作为衡量经济增长绩效的主要标准。然而，随着社会不断发展，人们逐渐意识到：单一片面地追求 GDP 增加和生产效率提高不仅不能真正反映出整个社会的福利水平，反而还可能会给社会发展带来许多负面效应。由此，阿马蒂亚·森（A. Sen）在对新古典福利理论进行系统批判的基础上，提出了“可行能力方法”的福利经济学新范式。森的“能力方法”提出以后，得到了广泛运用，其中最具影响力的是联合国开发计划署（UNDP）建立起来的人类发展指数（HDI）。从 1990 年起 UNDP 每年对各成员国的 HDI 进行评估用以衡量各国人类综合发展水平。HDI 的建立不仅加深了人们对福利的认识，而且更进一步激发了人们思考“如何将福利的内容纳入对经济增长绩效的衡量中”这一问题。

对此，戴利和费尔利（Daly & Farley，1996）提出了一种新的衡量经济增长绩效的分析框架，他们认为经济增长的目标是通过人造资本来提供服务和精神流量的满意度，由于人造资本的生产通常需要牺牲自然资本，因此经济绩效可被界定为人造资本存量提供的服务与牺牲的自然资本存量之比。诸大建（2009）将戴利等人的思想简化为

$$\underset{\text{戴利的经济绩效}}{\underset{\uparrow}{\underline{EP = WB/EF}}} = \underset{\text{要素的生产效率}}{\underset{\uparrow}{(\underline{EG/EF})}} \times \underset{\text{福利的转化效率}}{\underset{\uparrow}{(\underline{WB/EG})}} \qquad (1-1)$$

高帆（2011）在式（1－1）的基础上，对其含义做了进一步引申，指出 EP（economic performance）代表经济体的经济增长绩效，WB（well being）表示社会福利水平，EF（economic factors）表示经济增长过程中各要素投入，EG（economic growth）代表经济增长水平。由式（1－1）可知，一经济体要想实现最优的经济发展，应尽可能地使 WB/EF 最大化，即利用最少的要素投入来尽可能换取最大的社会福祉。这要求在两个维度上达到最优。第一维度为 EG/EF，即要素生产效率最大化，也即要求各要素的投入能高效率地转化为经济增长。第二维度为 WB/EG，即福利转化效率最大化，也即要求经济增长能高效地转化为居民福祉。

从目前理论研究现状看，经济学界对“第一维度”的要素生产效率（EG/EF）集中了大量精力。而对“第二维度”的福利转化效率（WB/EG）实际上仍然停留在一个定性的理论分析阶段。造成这种现状的主要原因是：传统的新古典福利经济学是基于庇古的理念，将一国 GDP 视为福利等价物，所以要素生产效率与福利转化效率在新古典经济学那里是合二为一的。而当经济学福利理论发展到森的“可行能力方法”这一新阶段后，森主张福利与人均 GDP 是两个不同的概念，因此在考察福利转化状况时，也自然形成了要

素生产效率（EG/EF）和福利转化效率（WB/EG）两个不同的概念。可是，森本人却没相应的提出在其福利理念下“福利转化效率”（WB/EG）这一概念。国内外大量的研究也都只是停留在关于森的福利理念辨析和测度上。而戴利虽然在其经济增长绩效理论中，首次提出了“福利转化效率”（WB/EG）这一概念，但其一直也主要是应用于分析经济增长对生态方面的影响。因此，从上述情况看，如果能将森的福利理念和戴利的经济增长绩效思想中的“福利转化效率”（WB/EG）理念两者相互融合，从而相对于新古典福利理论，使森的福利理论形成了一个完整理论分析框架。那么，基于森－戴利（Sen－Daly）模式的福利分析框架来考察一国的福利转化现状，进而考察经济增长绩效，从理论上讲，无疑更具有包容性和解释力。

从中国的发展现状来看，中国在经历了40年的改革开放后，经济建设取得了巨大成就，人均收入水平不断提高，各项民生建设得到了长足发展；但与此同时，伴随着经济增长，中国贫富差距也在不断扩大，一系列社会问题愈发凸显；经济增长过程中滋生的腐败行为也严重侵蚀着社会福利。这些成就与缺失并存的现象，使得学界对于目前中国社会福利状况，以及经济增长绩效都形成了不同看法，进而也引发了人们对于在中国经济增长过程中，福利转化效应的一系列问题思索，即：从世界范围来看，中国的福利状况究竟是好是坏？中国的经济增长是否有效地转化为居民福祉？其福利转化效率又是怎样？与自身经济水平比，中国的福利是否还有进一步提升的空间？

显然，关于上述问题的回答，都已经超过了目前新古典福利经济学框架所能解决的范围。鉴于此，本书尝试将森的福利理念和戴利的福利转化效率理念相互融合，在此框架下，从跨国的视角，对世界55个主要国家的福利转化状况进行全方位的比较分析，以期为分析和判断中国的福利转化水平在世界范围所处的发展状况提供多角度、全新的参考依据。

第二节　研究内容和技术路线

一、研究内容

本书尝试解决以下4个问题：

第一，与世界相比，中国的社会福利发展如何?

第二，与世界相比，中国的福利转化效率如何?

第三，与世界相比，中国的社会福利水平是否还有进一步提升空间?

第四，从世界范围来看，高福利转化效率是否有利于一国实现较高经济增长水平?

围绕上述4个福利转化问题，本书具体内容安排如下：

第一章介绍本研究的背景和意义、研究的基本内容、技术路线以及研究方法和创新点。

第二章是相关文献综述。首先系统的回顾了经济学中福利理论的发展脉络，包括庇古的福利经济理论、新福利经济学理论、阿罗不可能定理、森的社会福利理论。其次对福利指数测度理论进行回顾，主要有庇古理念的福利指数测度理论和森理念的福利指数测度理论。

第三章是对世界主要国家的社会福利指数进行测度。本章首先基于森的理念，采用最新发展的动态因子法（DFA），对世界55个主要国家1998~2012年期间的社会福利指数进行测度，从而为世界55个主要国家的福利转化水平提供一个直观认识。然后在此基础上，对比分析基于森理念和庇古理念的全样本国家、发达国家、发展国家和中国的福利指数变化趋势，并对森理念和庇古理念的福利指数收敛性进行比较分析。通过对比森理念和庇古理念两类福利指数的不同，主要目的在于说明基于森理念来研究社会福利的独具价值和重要现实意义。

第四章是对世界主要国家的经济增长与福利转化之间的耦合水平进行分析。本章引入了物理学中的耦合概念，并对其含义在经济学上做了进一步引申，分别测度了世界55个主要国家的发展度、协调度、耦合度。本章的目的在于对世界主要国家经济增长与福利转化之间的协同促进关系进行揭示，并为以后章节开展相应的经验分析提供数据支持。

第五章是基于戴利的经济增长绩效思路对世界55个主要国家的福利转化效率进行测度。本章引入了人均GDP、社会努力度、清廉度三个指标，运用随机前沿模型（SFA）分别测算了四种不同制度环境下的福利转化效率，并在此基础上，运用“反事实”手法归纳分析了清廉投入对福利转化效率的可能存在的三种影响。

第六章是对福利转化的“阈值效应”进行分析。本章首先总结了福利转化限度的两个典型化事实。由于目前这两个点典型化事实并不能对福利转化的一些现象做以很好的解释。所以，本章利用第四章耦合度的理念和所测得耦合度值，以及第五章所测度的福利转化效率值，来对经济增长过程的福利转化所存的限度进行经验分析，用数据来验证经济增长对福利转化是否存在一个阈值，即是否存在“阈值效应”。然后，在此基础上，对一些典型国家福利转化的“阈值效应”特征进行分析。

第七章是分析一国实行高社会福利对经济增长可能存在的影响。这一章实质是在分析福利转化效率的联动效应，即高社会福利是否能带动要素生产效率的提升，从而实现戴利经济增长绩效的整体提升。本章首先总结出三类典型福利国家高社会福利对经济增长的典型化事实。然后运用目前比较流行的政策评估方法即倾向得分匹配法（PSM）对“高社会福利是否有利于一国实现较高的经济增长水平”这一问题进行计量检验，以期从经验数据上为分析这一问题提供有力证据。

第八章是研究结论和政策建议。本章是对各章的研究结果进行一个系统总结，然后从发展中国家的角度，对如何促进福利转化效率提升，提高经济增长的福利转化水平在制度层面上提出政策建议。

二、研究技术路线

本书经济增长的福利转化效应研究主要沿着三条路线开展。第一条路线是对各国森理念的福利指数进行测度，这一条线路研究的目的主要是：通过比较各国之间的福利水平和发展趋势，来为中国的福利转化水平在世界范围所处的发展状况提供一个直观认识，这是全书研究的基础。第二条线路研究主要是对各国的福利转化“阈值效应”进行验证，这条线路是在第一条线路研究的基础上，通过引进物理学中耦合度概念，以及根据戴利的经济增长绩效思想，对其所提出的“福利转化效率”（WB/EG）进行测度来实现，第二条线路研究的目的是：分析、判断各国的福利转化水平相对于自身的经济增长和福利转化效率是否适度，即判明一国的福利水平是不足或者还是过高。第一条线路和第二条线路研究可以称之为“经济增长对福利转化的直接现实效应”研究。这是全书研究的核心，以及创新点所在，特别是对第二条线路的研究是本书的重中之重。第三条线路研究是基于倾向得分匹配法（PSM）来分析一国实行高社会福利政策是否会促进一国人均 GDP 的增长，也即生产效率的提升，从而实现戴利式经济绩效的整体提升。第三条线路研究可以称之为“经济增长对福利转化的间接联动效应”研究。最后，本书基于上述所分析的两大福利转化效应为中国的福利发展提出政策建议。合理的政策建议必将反作用于现实中社会福利发展状况，从而能够形成一个福利转化研究机制的良性循环。全书技术路线具体如图 1 - 1 所示。

福利转化效应
福利指数水平各国间比较，福利增长速度各国间比较
福利转化与本国自身经济水平、福利转化效率相比较
经济增长的福利转化效率
各国福利指数水平
各国福利转化阈值
经济增长与社会福利耦合度
高福利会促进高效率吗
经济增长对福利转化的间接联动效应
经济增长对福利转化的直接现实效应
基于PSM法高福利政策评价
对世界各国福利转化状况形成认识和评价
中国的福利政策建议
反作用于社会福利

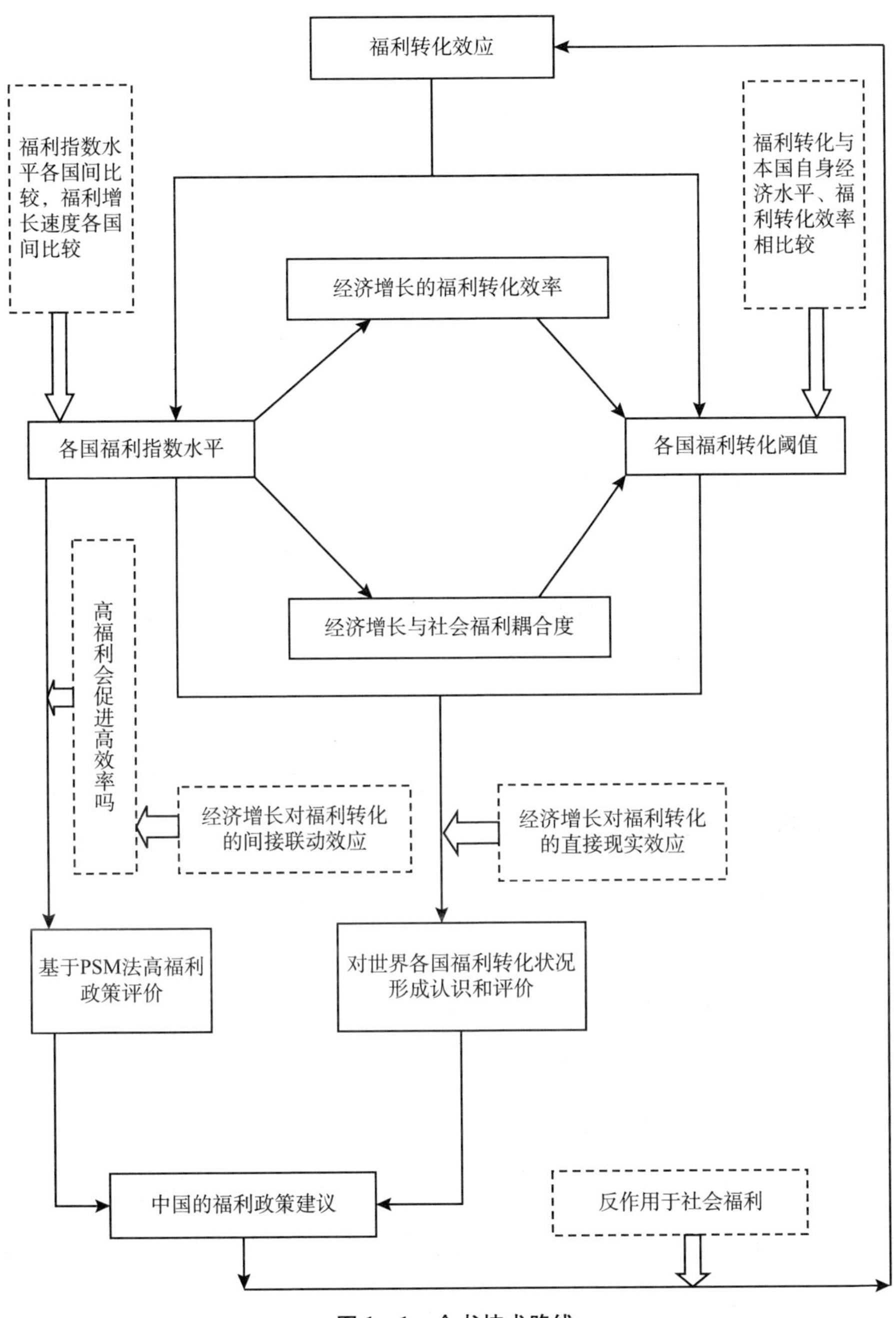

图 1－1　全书技术路线

第三节　研究方法和创新点

一、研究方法

（1）文献研究方法。通过对文献的查询、阅读和分析，深入了解国内和国外有关福利转化问题的研究现状，并在此基础上对文献进行分析和总结，提炼出需要解决的关键问题，并以此为基础，形成具体的研究思路。

（2）理论分析方法。通过归纳、分类、演绎等多种分析方法来对本书中森理念的福利指标体系进行构建和戴利的福利转化效率思想进一步扩展，并提出自己的观点。

（3）实证研究方法。本书在对国内外福利数据进行大量搜集整理的基础上，运用动态因子法（DFA）对世界55个主要国家的福利指数进行测度，在此基础上分别采用截面回归分析、静态固定效应分析对世界55个主要国家的福利收敛趋势进行检验，同时运用随机前沿法（SFA）对世界55个主要国家的福利转化效率进行测度，最后基于倾向得分配法（PSM）验证高社会福利模式与高经济增长之间的关系。

（4）对比分析方法。可以说对比分析方法是本书的一大分析特色，这一分析方法几乎贯穿于本书的始终，首先本书的所有研究结果都是基于跨国比较的视角，在具体地研究项目上，本书比较分析了森理念和庇古理念下的各自福利的发展状况，比较分析了在考虑制度变迁和不考虑制度变迁下的有清廉和无清廉投入对各国福利转化效率的影响差异，比较分析了高社会福利模式下的一国经济增长与其在非高社会福利模式下的经济增长差异等。

二、创新点

本书的创新点主要体现在以下几个方面：

第一，将森的“可行能力方法”的福利理念和戴利的经济增长绩效思路相互融合，从而形成了一个基于森-戴利模式的社会福利理论分析框架，在这一框架下，重点分析经济增长对福利的转化效应。传统的新古典福利经济学是基于庇古的理念，将一国GDP视为福利的等价物，所以对生产效率的研究也就直接等同于对福利转化效率的研究，因此新古典福利经济学可以说形成了一个完整的福利研究框架，即用GDP或消费代表福利，用要素生产效率来直接考察经济增长的福利转化效率。而当经济学的福利理论发展到森的“可行能力方法”这一最新阶段后，关于森的福利理论却形成了一个“半截子”工程，森本人并没相应的提出在其福利理念下如何考察福利的转化效率。国内外大量的研究也都只是停留在关于森的福利理念辨析或基于森理念的福利测度上。而戴利的经济增长绩效框架最初也只是用于衡量经济增长对于生态方面的影响，本书首次将森和戴利两者理念相互融合，从而相对于新古典福利理论，使森的福利理论能够形成了一个完整理论分析框架。同时，因为森-戴利模式的福利分析框架本质上是对新古典福利经济学的进一步的深化和细化。所以，本书的森-戴利模式的福利分析框架更加体现出较强的概括力和包容性。

第二，在指标数据选取上，由于本书研究的重点是中国及世界主要国家经济增长对本国福利转化的情况，所以，依据国际上权威的统计机构对福利统计界定的概念，本书首次专门收集了一套能与一国经济增长相对应的福利指标数据，并对其进行合成来反映世界 55 个主要国家 1998 ~ 2012 年的福利指数。从国内外研究来看，大多研究主要是针对本国内各行政区间的福利状况进行测算评估。在对国际福利状况比较时，很少有文献是按照国际福利统计的概念收集多个国家社会福利的指标进行合成比较分析的，一般文献做法仅是罗列出几个主要国家的一些指标进行分散对比，这种分析并不能完整的反映出一国社会福利全貌。另有一些文献，则采用人类发展指数（HDI）来对一些国家的福利进行比较，然而，人类发展指数本义是用来反映人类综合发展水平，这一指标不仅包含了经济增长，而且还包含了风俗习惯、自然环境等因素对其影响，因此，基于人类发展指数来反映一国福利，它本身也不能真实地反映出一国经济增长对福利转化的效应。

第三，在测度方法上，使用新近发展起来的多元统计方法，即“动态因子法”（DFA）对世界 55 个主要国家的福利水平进行测度。与传统的统计方法相比，如主成分分析法（PCA），动态因子法（DFA）能够使每个指标在不同时期具有不同的权重，因而可以使所测算的福利指数不仅在横向上，而且在纵向上也具有可比较性。因此，从技术方法上来讲，本书运用的动态因子法（DFA）可以为各国的福利转化水平提供一个更新的认识和更为精确的把握。

第四，本书基于森的理念首次对世界主要国家的社会福利收敛性进行了计量检验，并在此基础上，对比和分析了发展中国家、发达国家和世界 55 个主要国家森理念和庇古理念的福利指数收敛性所具有的不同特征。与以往文献相比，本书从收敛性这一视角对世界不同类型国家的社会福利发展趋势做出了新揭示。

第五，本书测算了基于森理念的世界 55 个主要国家 1998 ~ 2012 年的社会福利转化效率，据笔者所知，本书是第一篇根据森的福利理念来测算世界主要国家社会福利转化效率的文献，因此，本书实际在数据经验分析上，进一步丰富了森的福利理论，并实际践行了戴利的经济增长绩效思想。

第六，本书引进了物理学中的耦合度概念，并将之赋予新的经济学含义，在此基础上，本书为福利转化与经济增长之间的关系提供了一个新的解释视角。传统的观点认为，福利水平伴随着经济增长，至少要表现出一种增长趋势，即要么是呈绝对增长，要么是呈相对增长，或者两者兼而有之。但是这种观点从目前看只不过是一种直觉，在现有文献中，既没有发现精细的经验数据支持，也没有相应的合乎逻辑的论证。本书认为各国福利转化是有一定限度的，即存在一个阈值，而这个阈值不仅主要取决于一国经济增长水平，还要取决于反映制度层面因素的福利转化效率，这两点都很重要。当一国福利水平低于其根据经济增长水平和福利转化效率所确定的阈值时，即便是经济增长水平处于是下降阶段，一国仍然要采取措施促进福利转化水平提高；相反，当一国福利水平高于其阈值时，即便此时该国的经济增长水平是处于上升阶段，一国也要尽量降低期福利转化水平。本书运用世界 55 个主要国家 1998 ~2012 年数据对各国福利转化的“阈值效应”进行了计量检验，结果发现：世界各国福利转化确实具有显著的“阈值效应”，在此基础上，本书又进一步测度了各国福利转化的差距，困难指数等相关指标，从而为分析和判断中国与世界主要国家的福利转化状况提供了多角度、全新的参考依据。

第二章

相关文献综述

本书是基于森的理念来研究中国的社会福利转化问题，然而从对历史文献的梳理来看，对社会福利的研究和测度其实却是肇始于20世纪20年代的庇古的经济福利研究，这主要是由当时的时代背景和技术条件所决定的。一方面，在庇古所生活的年代，其正处于工业文明的前期阶段，这一阶段人类社会发展的主要目的仍是促进经济增长，即仍主要基于“以GDP为纲”的发展战略来积累人类物质财富。因此，在这一时代，对GDP的增加便意味着对人类社会福利的增进，研究以物质财富所代表的经济福利在很大程度上便可以等同于对社会福利问题的研究。另一方面，在庇古所处时代，实际上，就已经出现了诸如“主成分分析法”（PCA）（Karl Pearson，1901）这样先进的、至今仍被广泛使用的多元统计分析理论，但是由于科技和设备条件限制，当时的人们无法像今天这样能够运用计算机测算各种不同社会福利指标权重，从而对多指标进行合成分析。所以，尽管庇古以及那时代的很多学者都已经意识到单一的指标无法反映整个社会福利，但是，在技术方法上也只能选择与时代发展理念相一致的单一指标来研究整个社会福利发展，这一点本书在下面的综述中也会提及。以下部分主要是对从庇古福利理论到目前森福利理论这一发展历程中所出现的各种代表观点，以及由此产生的测度方法进行综述和归纳。通过下面的综述实际上是想说明一个问题：人们为什么会最终选择森的理论来研究一国的社会福利。

第一节 经济学中的福利理论

一、庇古的旧福利经济学理论

1920 年庇古的《福利经济学》出版，标志着福利经济学诞生，庇古因此被李特尔（Little）誉为福利经济学之父，为了与之后所兴起的福利经济学派相区别，萨缪尔森将庇古的福利经济学称之为旧福利经济学，在庇古《福利经济学》这本书中，庇古明确区分了“经济福利”和“非经济福利”这两种概念，他说：“我们不能因经济福利不能作为总福利的指数而据此证明，对经济福利的研究不能为总福利提供信息；因为虽然整体是由许多不同部分组成的，因此，绝不可能由任何一个部分的变化来测度整体变化，但这一部分变化却总是可以通过自身对整体的变化产生影响。如果这一条件得到了满足，那么研究经济福利的实际重要性便被完全确立了”。庇古在这一段话中，实际已明确指出：经济福利并不能代表社会福利，但它却在一定程度上反映着整个社会福利，对整个社会福利的研究具有重要意义。

庇古的福利经济学主要观点有：第一，效用可以用单位商品的价格来衡量，个人从商品中获得效用可以表示为个人福利，整个社会的福利是所有个人福利的简单加总。第二，效用概念等于物质财富占有，因此效用的概念是客观的，可以度量且可以进行人际间比较。第三，认为收入的边际效用是递减的。

基于以上的观点，庇古认为要增加一国的经济福利，不仅要增加国民收入，而且还要消除国民收入的不平等。这主要是因为收入存在边际效用递减规律，相同的商品给穷人带来的边际效用要远远大于给富人带来的边际效用。所以，在政策上，庇古主张政府干预，鼓励政府通过转移支付的方式实现更加公平的收入分配，来提高社会整体福利水平，他认为任何能够增加穷人实际收入而不减少国民收入的措施都会增加整个社会福利。

二、新福利经济学理论

在庇古的福利经济学产生之后，西方经济学界在 20 世纪 30 年代展开了一场大争论，争论的焦点是关于经济学分析中要不要规范分析，要不要加入价值判断的问题。这一焦点又具体转化为效用究竟是具有“基数且人际间可比性”，还是具有“序数且人际间不可比性”。这场争论最终以英国经济学家罗宾斯的观点取胜而告终。罗宾斯（Robbins，1938）认为，经济学中具有规范性质的结论都来自基数效用的使用，而经济学不应该涉及伦理的或具有价值判断的规范性问题研究，这是因为经济学和伦理学的结合在逻辑上是不可能的。所以，经济学应该避免使用基数效用来分析问题。罗宾斯的批判直接改变了整个经济学的发展方向，也由此改变了福利经济学的研究范式，从而促使“新福利经济学”理论形成。

新福利经济学理论特点主要表现为：①使用偏好来代替效用，进而使用边际替代率递减规律来代替边际效用递减规律。②只使用序数效用来反映个人效用强弱，强调个人效用不可比性。③以帕累托最优作为判断福利状况的标准。

新福利经济学虽然摒弃了被认为具有理论缺陷的基数效用论来评价福利好坏，但是，其所坚持的帕累托福利评价标准自身也有严重的缺陷。因为在大多数情况下，一项公共政策总会使某些人的处境改善一些，而同时使另外一些人的处境变坏一些，这时利用帕累托标准就无法对社会福利状况进行判断。所以，新福利经济学后来将主要精力放在了对帕累托标准的适用性拓展上。新福利经济学也由此形成了两个学派：一个学派建立在卡尔多（Nicholas Kaldor）、希克斯（John Hicks）等人发展起来的补偿标准理论的基础上；另一个学派建立在柏格森 - 萨缪尔森（Bergson - Samuelson）社会福利函数（SWF）的概念上。

从新福利经济学的补偿标准理论看，其主要认为社会政策变动后，必然会导致社会成员有的受益、有的受损，而社会福利总量是增进还是减少了，取决于受益人在补偿受损的人之后是否还有剩余。根据补偿的原则不同，这一理论有卡尔多 - 希克斯标准、西托夫斯基补偿标准、李特尔补偿标准。卡尔多 - 希克斯标准是指假如社会政策发生某种改变后，受益人在补偿受害人之后仍然增进了福利，那么这个改变就是有益的。如果达到了这个标准，结果就是潜在的帕累托改进。西托夫斯基（Seitovszk，1941）指出卡尔多 - 希克斯标准并没注意经济状况改变前通过收入分配来实现帕累托标准的可能性。因此提出了福利检验的“双重标准”：顺检验和逆检验。顺检验就是指卡尔多 - 希克斯标准；逆检验标准则是指要看经济状况改变前是否有可能通过收入再分配使每个人的情况比改变前更好；换言之，若受益者能诱使受损者接受 A 变为 B，而受损者又无法诱使受益者不将 A 变为 B，那么对整个社会来说，状态 B 比 A 好。上述卡尔多 - 希克斯标准和西托夫斯基的双重检验标准虽然大大拓展了帕累托标准的作用，但是也被公认为存着明显不足，即这些标准需要的仅是潜在补偿，而并不要求实际收入的转移。李特尔（Little，1944）认为只有在假想补偿检验之上再加上实际补偿，才能使福利判断标准成为充足的标准。由此，李特尔提出了三重福利检验标准：即第一个为卡尔多-希克斯标准，第二个为西托夫斯基标准，第三个是收入分配适当标准，即在前两个标准满足后，还必须看收入再分配是不是适当，如果收入分配不好，那就必须用转移货币收入的办法来补偿。总的来说，上述新福利经济学的补偿标准理论提供了一种方法，从而使有效利用资源问题与收入分配问题能够分别考虑，在一定程度上拓展了经济学家可以回答的公共政策问题。

对于新福利经济学的补偿标准理论，萨缪尔森（Paul Samuelson，1947）认为学界对其普遍的评价总体来说是过高了。这是因为：第一，穆勒（Mill）在对自由贸易的分析中，实际上就已经认识到自由交易会帮助一些人，同时也会损害一些人，但是，受益者是有能力去补偿受损者，所以补偿标准理论并不是什么真的新理论。第二，对于收益者能够补偿却没有实际补偿受损者，这一点是否有任何的重要意义，补偿理论的回答是非常模糊的。所以，柏格森（Abram Bergson）和萨缪尔森采取了一种不同于补偿标准的思路，即社会福利函数（social welfare function，SWF）理论来对帕累托标准适用性进行拓展。

社会福利函数（SWF）最先由美国经济学家柏格森在1938年的《福利经济学一些方面的重新表述》一文中提出，之后经由萨缪尔森加以发展。其基本含义是：考虑效率问题和分配公平原则把社会福利设想为依赖于一些自变量的一种函数形式，这些自变量包括社会每个人购买的各种产品和各自提供的生产要素，再加上所有影响社会福利的其他因素。柏格森-萨缪尔森社会福利函数具有所有社会福利函数的最一般形式，具体如下：

$$W(x)=f[U_1(x), U_2(x), U_3(x), \cdots, U_n(x)] \quad (2-1)$$

在式（2-1）中，$U_i(x)$ 为第 i 个人的效用函数，$i=1, 2, \cdots, n$。

这一函数形式可以被转换成任何各种具体地社会福利函数，如加法形式的功利主义社会福利函数、连乘形式的贝努力-纳什社会福利函数、罗尔斯社会福利函数、尼采精英者社会福利函数。柏格森-萨缪尔森社会福利函数具有以下主要属性：①社会福利函数是建立在个人的价值判断基础上的，要对社会福利整体状况的判断，必须首先依赖于个人对幸福和痛苦的判断。②个人效用是可比的，满足帕累托标准。③社会偏好具有凸性。

总的来说，新福利经济学理论出现是经济学家对福利问题研究的重要转折点，它标志着经济学家从庇古时期形成的，仅以货币可以衡量的经济福利来反映整个社会福利的研究开始逐渐转向既涉及价值判断，同时又包含人们对福利感知的多个项目的社会福利问题的研究。新福利经济学所特别关注的帕累托标准，经过卡尔多、希克斯、西托夫斯基、李特尔发展，实际上，已不再仅仅是一个考虑一项经济政策是否有效率的标准，而逐渐演变为考察各类的公共政策效果是否能有效增进社会福利的标准。柏格森和萨缪尔森所进行的社会福利函数（SWF）研究，实际上已经开始标志着经济学家将经济指标和其他能反映人类福利的社会指标融合在一起来思考整个社会福利状况。

三、阿罗不可能定理

在新福利经济学中，无论是补偿标准理论，还是社会福利函数理论，实际上都是假定人们关于收入分配、个人偏好已经有了既定的价值判断准则，并能从所有个人的偏好秩序中，推导出社会整体的偏好秩序，从而构造出社会福利函数。但问题是，并没有任何理论证明社会福利函数是否存在和函数形式是如何确定的，研究者们都是在隐含地假设“社会福利函数存在”这一基础上开展工作，并且在主观上赋予了社会福利函数不同的具体形式。阿罗看到了这一问题，认为只有当个人的利益偏好可以加总为集体的利益偏好时，社会福利函数的存在才有实证基础；而加总所得的具体地集体偏好的性质决定了函数的形式。因此，阿罗开始探索在民主的背景下，通过何种途径和过程可以输出一个柏格森－萨缪尔森的社会福利函数。

在这一理论探索过程中，阿罗（Arrow，1952）开创性地将研究投票选举的公共选择理论引入到对社会福利函数的研究中来。阿罗认为个人的偏好和社会排序首先应该满足两类合理化条件。

一类是关于社会状态的理性选择条件，它要求满足两个相当平常的公理。

公理 A：完备性。对于所有选择 x 和 y，要么 x 不差于 y，要么 y 不差于 x。

公理 B：传递性。对于任意的 x、y 和 z，如果 x 不差于 y，y 不差于 z，则 x 不差于 z。

另一类要求在制度方面满足五个合理化条件。

条件 1：个人自由选择。在所有可选择的备选方案中，至少有三种方案，对于这三种方案，所有逻辑上可能的个人排序都是可以接受的。

条件 2：社会价值观与个人价值观呈正相关关系。“社会排序随着个人价值判断的变化而同方向变化，或者至少不是反方向。因此，如果在每个人的排序中某个社会状态的排序上升或保持不变，而在这些排序中没有发生其他的变化，那么我们就可以预期，该社会状态在社会排序中的序位上升或至少没有下降。”（Arrow，1963）

条件 3：无关方案独立性。“给定条件下社会所做出的选择只取决于该条件下个人对这些选择的排序。换言之，如果考虑这样的两个个人选择集合，对于每一个人而言，他对于给定条件下特定选择的排序在任何时候都一样，那么我们就可以要求，在该条件下，当个人的价值判断由第一个排序集合给出时，和当个人的价值判断由第二个排序集合给出时，社会所做出的选择应该是相同的。”条件 3 的实际含义是：对三个备选方案 A、B、C 进行的选择和排序，不取决于是否在另一些不相关的事件 D 或 E，也不取决于人们对 D 或 E 的态度。

条件 4：公民主权性。这一条件要求社会福利函数不应该是强加的，即要求每一对备选方案上的社会选择顺序以某种方式基于个人的选择顺序，而不能与之无关。

条件 5：非独裁性。独裁“意味着社会选择仅仅依赖于一个人的偏好，只要这一独裁者认为 x 优于 y，则社会就必须这样认为。而只有在独裁者认为 x 与 y 无差异时，大概他才会让某些或所有社会成员来做选择。”条件 5 要求一种制度不能够是独裁的。

阿罗在 1951 年的《社会选择与个人价值》一文中以严谨的方式证明了同时满足上述条件的规则将推导出逻辑上循环的社会选择顺序，由此证明并不存在一个社会福利函数能够同时满足上述两个公理和五个条件，此即为“阿罗不可能定理”。

对于阿罗不可能定理，其实质上是揭示出了社会福利函数理论所存在的逻辑缺陷，即如果按照符合“完备性”和“递推性”的个人偏好来反映个人对不同方案所做的主观评价，那么当这一方法推广到多人的集体选择时，就无法得到满足以上五点最起码要求的社会福利函数，除非我们违背某些为大家所接受的，起码的道德准则，而这点又很不现实。因此，阿罗不可能定理彻底宣告了建立在序数效用论基础上的新福利经济学理论的终结。

四、森的福利经济学理论

阿罗不可能定理的提出使得学界开始重新评价和认识新福利经济学取代旧福利经济的功过。从20世纪70年代开始，西方福利经济学出现了一个大的发展时期，向效用主义和基数效用理论的回归趋势成为这一时期的主流。在这一背景下，阿玛蒂亚·森（Amartya K. Sen）对新古典福利经济学进行了系统的批判，提出了“可行能力方法”（capability approach）的福利经济学新范式。他认为传统地用物质财富来衡量福利不仅是狭隘的，而且这种度量实际上是扭曲了人们对福利的感受，许多被排除在新古典福利函数之外的非经济事物对福利的影响是很大的，经济学不应该只关注总产出和总收入，而是应该充分考虑到生活中构成福利的方方面面，特别是关注人的权利和能力，幸福不是传统的商品组合效用函数，而是一个人所能做的各种事情的函数。基于此，森认为创造福利的并不是财富和商品本身，而是由商品所带来的那些机会和活动，这些机会和活动是建立在个人能力的基础上，它构成了所能够实现的功能以及实现功能的能力集合。

在森的“能力方法”理论中，主要有三个核心概念，分别是功能、能力和实质性自由。功能（functions）是指一个人获得的成就，即他或她能够做某事或已经处于某种状态，比如拥有健康的身体、舒适的住所、良好的人际关系和能够接受高质量的教育等。功能的状况直接决定了人们生活水准的好坏，因为功能本身是生活水准的各个不同层面或侧面。

能力（capabilities）是指一个人拥有实现各种功能组合的潜力以及拥有在不同生活方式中做出选择的自由。例如，一个节食的富人，就摄取的食物或营养量而言，其实现的功能也许与一个因赤贫而不得不挨饿的人相等，但前者与后者具有不同的“能力”，因为前者可以选择吃得好并得到充分的营养，而后者无法做到。

森（Amartya K. Sen，1999）认为一个人的福利主要取决于在功能和能力这两方面所实现的自由程度。即一个人的最大福利便是其最大程度上所获取的“实质自由”。森所说的实质自由是指人们能够过自己愿意过的那种生活的能力。可见，为了获得最大程度的自由，功能和能力不应是一维变量，而应都是一个集合，应包括非常丰富的内容。正是在这个意义上，森认为应该构造反映“结构多元性”（constitutive plurality）的、包含一系列子指标的综合性指标，而不是在传统的“竞争多元性”（competitive plurality）方法中选择某种单一指标来反映福利。换言之，森的“能力方法”直接关注人们的能力集和实现的功能集而不是单纯的物品，更加强调物品与“能力”和“功能”之间的转换以及采取开阔的视野关注物品之外的其他影响因素，这些特点正是森的“能力方法”与新古典福利经济学的根本不同之处。

第二节　福利指数测度研究

一、庇古理念的福利指数测度

20 世纪 70 年代以来，学界开始质疑庇古的国民收入等于国民经济福利的命题，认为庇古对经济福利的解释实际上是建立在瓦尔拉斯“强有用性标准”之上的，即认为凡是被定义为生产活动的最终成果，都可以被视为对人有益的福利，而现行的 GDP 所包含的一部分产品并不能促进个人福利的增进，因此，一些学者主张应将那些虽与国民的整体需要和未来需要有关，但与当前的个人消费需要无关的货物和劳务进行重新分类，将其从 GDP 中剔除。

诺德豪斯（Nordhaus）和托宾（Tobin）在 1972 年的《经济增长过时了吗?》一文中提出了“经济福利量”（measure of economic welfare，MEW）的概念，将其用以替代 GDP 来反映经济福利，从而开辟了这一领域研究的先河。经济福利量（MEW）的计算方法主要是从两方面开展：一方面是从私人消费总量中扣除若干个对福利没有积极作用的因素，例如，上下班通勤和法律服务；另一方面增加对福利有积极作用的活动的货币估值，如对消费者资本服务、休闲活动、个人或家庭自给性服务，以及城市化不愉快因素进行虚拟估计，然后将其加入到 GDP 当中。在此之后，诺德豪斯和托宾又提出了“可持续的经济福利量”（sustainable measure of economic welfare，SMEW）概念，SMEW 衡量的是有助于保持资本存量的 MEW 水平。为了将 MEW 转变成 SMEW，诺德豪斯和托宾使用了公共财富和私人财富总量估计值，其中包括可再生资本、不可再生资本（仅限于土地和净外国资产）、教育资本和健康资本，依据方法是年折旧率为 20% 的永续盘存法。但是 SMEW 并没有把环境破坏或自然资源耗减的估计值收入进来。

诺德豪斯和托宾关于福利核算的研究后来发展出了两个流派。第一个流派试图丰富诺德豪斯和托宾的方法，这方面的研究有：萨缪尔森（Samuelson，1977）提出的净经济福利指标（NEW）。戴利和柯布（Daly & Cobb，1989）在萨缪尔森的理论基础上提出的可持续经济福利指数（ISEW）。随后，柯布（Cobb，1994）在对 ISEW 指标体系修订基础上提出的真实发展指标（GPI）。这些指标从消费中扣减噪声，以及对水和空气污染的成本的某些估计值；同时试图把湿地、农田和原始森林的减少、其他资源的损耗以及二氧化碳的破坏和臭氧的减少纳入考虑。

另一流派则更紧密地融入了国民核算领域。它建立在所谓的环境与经济核算体系（system of environmental economic accounting，SEEA）之上。SEEA是国民账户体系（standard national accounts，SNA）的卫星账户，它把经济和环境信息综合在一个共同的框架下，以便衡量环境给经济做出的贡献以及经济给环境造成的影响。SEEA 由四类账户组成。第一类考虑的是纯粹是跟物资流动（投入经济的物资以及产生的废物）和能源有关的实体数据，并尽可能地按照SNA 核算体系将它们整理归类。第二类账户包括现有的SNA 中与妥善管理环境相关的那些内容，它使跟环境相关的交易变得更加明晰。第三类账户是以实体和货币形式来衡量的环境资产的账户。SEEA 的上述三类账户是任何形式的可持续指标的构成要素。SEEA 最关键的账户是第四类账户，它涉及的问题是现有的 SNA 如何加以调整，以便把经济对环境的影响以纯粹的货币形式反映出来。研究者考虑了有三种调整：①与资源消耗有关的调整；②与防御性支出有关的调整；③跟环境恶化有关的调整。

目前，国内外学者基于诺德豪斯和托宾的国民福利核算框架开展了广泛研究，特别是，很多研究者使用 ISEW 方法对不同国家进行了衡量。其中柯布（Cobb，1994）对美国、第福白克尔（Diefenbacher，1994）对德国、罗森博格等（Rosenberg et al，1995）对荷兰、杰克逊和斯提弥（Jackson & Stymne，1996）对瑞典、杰克逊等（Jackson et al，1997）对英国、斯托克罕默尔等（Stockhammer et al，1997）对奥地利、吉诺和梯兹（Guenno & Tiezzi，1998）对意大利的 ISEW 进行了测量，由于这些国家的社会结构较为相似，所以得到研究结果也较为一致，普遍发现在发达国家存在着麦克斯 - 尼夫（Max - Neef，1995）的福利“门槛假说”现象，即抵达某个点之前，这些国家 GDP 和福利是朝着同一个方向前进的，但超过这个点之后，福利似乎在接近其极限，并出现下降的趋势，福利同经济增长之间的差距在不断扩大。而在对发展中国家的研究中，一些学者对泰国（Clarke，2005）、智利（Castaneda，1999）等国的 ISEW 进行了研究后，却发现这些国家并没有出现麦克斯－尼夫（Max－Neef，1995）的福利“门槛点”，福利仍然是处于上升的阶段。

从国内的研究来看，张伟（2010）对中国 1979～2008 年的 ISEW 进行了测度，发现中国的 ISEW 与人均 GDP 两者总体是同步增长的，但从 1985 开始，人均 GDP 和 ISEW 差距开始扩大，人均 GDP 的增长速度快于福利的增长速度。周伟（2013）将 ISEW 测度福利的方法和森早期的福利函数相结合构建了中国 1979～2011 年的可持续福利指标 CSEW，发现在 1997 年前，中国的 ISEW 与人均 GDP 增长趋势大体相同，而 1997 年后，代表中国福利的 ISEW 水平基本处于原地踏步的平稳状态，与 GDP 差距持续增大，由此推测中国的福利已有“门槛假说”的端倪。

二、森理念的福利指数测度

森的社会福利指数是从功能和能力两个方面来进行测度的。首先，从功能方面看，按照森的福利理论，个人 i 实现的功能集合 P_i 可表示为

$$P_i(x_i)=[b_i \mid b_i=f_i(c_i(x_i \mid z_i,\ z_e,\ z_s))\ \forall f_i\in F_i,\ \ \forall x_i\in X_i] \quad (2-2)$$

在式（2－2）中，b_i 表示功能向量，即个人实现的功能，$c_i(x_i)$ 表示把个人 i 的商品转化成商品的特征向量的函数。F 是所有可能的转换函数集，其中 $f_i(c_i(x_i \mid z_i,\ z_e,\ z_s))$ 为第 i 个人把商品向量转化成功能向量 b_i 时的转换函数，z_i、z_e、z_s 表示在个人、社会和环境条件下的转换因子。例如，在身高、智力、相貌等方面会存在个人差异，在安定、民主方面会存在社会差异，

在气候、环境方面会存在环境差异，x_i 为个人 i 所拥有的商品向量，X_i 表示所有可能的商品向量集，即资源约束。从能力方面看，在给定功能集合 $P_i(x_i)$ 后，可得代表个人 i 的能力集 Q_i，其如式（2－3）所示：

$$Q_i(x_i)=[P_i|P_i=f_i(c_i(x_i|z_i,\ z_e,\ z_s))\ \forall f_i\in F_i,\ \ \forall x_i\in X_i] \quad (2-3)$$

以上式（2－2）、式（2－3）给出的是森福利理念的一个初步概念性的数学描述。而在对福利进行具体量化的实际研究中，森并没有告诉我们，应该选择哪些具体的“功能”或者“能力”指标去衡量福利，也没有告诉我们对于这些“功能”应该如何确切的数量化。因此自森的可行能力法提出以后，学者们进行了大量的实证研究，用以说明、补充、完善和实践森的福利理论。从国外研究看，森（Sen，1985）从预期寿命、婴儿死亡率和儿童死亡率三个方面考察了 1981～1982 年巴西、中国、印度、墨西哥和斯里兰卡五个国家功能实现状况。联合国开发计划署（1990）根据森理念，从预期寿命、知识获取、体面生活三个方面设计了人类发展指数（HDI），从 1990 年起开始对世界主要国家的 HDI 进行测算以评估这些国家人类发展水平。卡森（Klasen，2000）利用 1994 年的南非入户调查数据，证明功能性福利与收入之间不是完全替代的关系。阿克尔（Alkire，2002）用可行性能力分析饲养山羊、提高女性识字率、生产玫瑰和编制花环三个扶贫项目对于巴基斯坦贫困地区人民生活的实施与效益情况。菲普斯（Phipps，2002）根据功能性框架对加拿大、美国以及挪威 0～10 岁儿童的福利进行了测度和比较，得出在相同收入的情况下挪威儿童的福利优于加拿大，在低收入阶级家庭中加拿大儿童的福利较美国儿童的排序略高。马丁（Martin，2006）对英格兰居民的自我可行性能力的满足情况进行了调查，分析显示开心、健康、智力刺激、社会关系、舒心的环境及个人的完整性是人们关注的七个最主要方面。从国内研究看，杨永恒等（2005）开发了基于主成分分析法的 HDI 替代技术，并用动态的权重结构来透视中国人类发展的地区差距模式和不协调模式的历史演进过程。方福前等（2010）从功能的角度，利用结构方程通过调查问卷的数据分析了中国城镇居民福利水平的影响因素。

目前，在所有基于森理念的福利指数研究中，当属联合国设计的人类发展指数（HDI）知名度最高，影响力最大，而且也正是随着 HDI 不断推广，森的福利理论才不断地深入人心，因此本书将专门对 HDI 做以介绍，以便其与本书之后所使用的福利测算指标和方法进行比较。

作为福利综合水平的测度指数，人类发展指数（HDI）主要用于衡量一个国家在人类发展的三个基本方面所取得的成就：一是“健康长寿的生活”方面，其用出生时的预期寿命来衡量；二是“知识的获取”方面，其用成人识字率，以及初等、中等和高等学校的综合毛入学率来衡量；三是“体面的生活”，其用人均 GDP（PPP 美元）来衡量。人类发展指数（HDI）具体构成如图 2－1 所示。

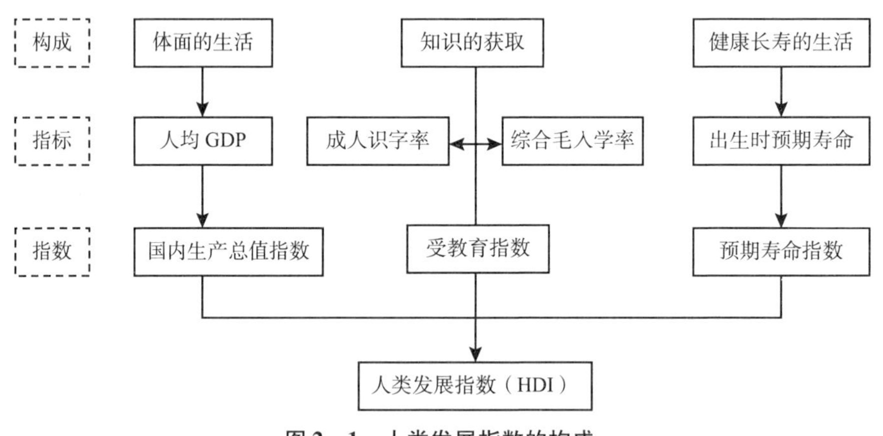

图 2－1　人类发展指数的构成

HDI 的测算方法也比较简单透明。首先采用（实际值－最小值）/（最大值－最小值）来计算三个分项指数，即预期寿命指数（M_1）、教育指数（M_2）和 GDP 指数（M_3）。UNDP 会事先根据每年对各国的调查为每一类指标规定一个最小和最大值，一旦各分项指数被计算出来，HDI 则为三个分项指数的几何平均值，即有

$$HDI = M_1^{1/3} \cdot M_2^{1/3} \cdot M_3^{1/3} \tag{2-4}$$

HDI 的取值介于 0～1 之间，其数值越大，则说明人类发展水平就越好。自 HDI 提出后，由于其编制非常简单，易于理解，迅速得到广泛运用。但是，学术界也认为 HDI 存在着很多不足，争论非常激烈，既有针对人类发展指标本身（Kelly，1991），也有针对指标之间权重分配的讨论（Noorbakhsh，1998；Luchters & Menkhoff，2000）。其中，最主要的批评是针对人类发展指数的等权重假设，即认为这种假设未能充分考虑三个分项指标之间可能存在的高度相关性，而且主观认为三个分项指标对人类发展水平的贡献或影响总是恒定不变的，此举可能掩盖人类发展中存在的不协调现象。诺尔拜克哈什（Noorbakhash，1998）和莱（Lai，2001）则指出的 HDI 的三个维度四个指标之间具有很高的相关性。一些学者（Noorbakhash，1998；Lai，2003）则采用多元统计分析方法，如主成分分析法，来估计这些指标的最优线性组合，确定各指标之间的相对权重。

对于 HDI 在学界所存在的质疑和争论，“HDI 之父”哈克承认：HDI 确实是一个粗糙的指标，和 GDP 一样粗糙，但是它却是 GDP 一个更好的替代性指标。哈克认为 HDI 和 GDP 重要的不同在于：GDP 聚焦于人们所拥有的商品及其价值，而 HDI 则聚焦于人们的实际生活。HDI 的重要特征是以人为中心，而 GDP 则以商品为中心。哈克指出 HDI 不是要提供一个对于自由的完整度量，而是要唤起人们对放弃 GDP 崇拜的重视，HDI 所引起的争议已经达到这一效果。

第三节 本章小结

本章首先系统回顾了经济学中从庇古福利理论到森福利理论整个发展历程中所出现的几种重要理论，主要包括有：庇古的福利经济理论、新福利经济学理论、阿罗不可能定理、森的社会福利理论。其次对福利指数测度理论进行回顾，主要有庇古理念的福利指数测度理论和森理念的福利指数测度理论。通过对这些理论进行综述，实际上是想说明一个问题：人们为什么会最终选择森的理念来研究一国社会福利，以及森福利理论所具有的先进性。

第三章

基于森理念的社会福利水平的测度和分析

第一节　森福利理念及指标构建

本书在第二章中已经对福利理论的发展历程进行了详细综述，特别是阐述了森福利理论相对于传统的庇古福利理论所具有的先进性。因此，本章将基于森的福利理念来测度社会福利指数，以期为判断和分析世界各国的福利转化水平，首先提供一个直观且较为可靠的认识。

按照森的“可行能力方法”的福利理念：一个人的福利不一定由他所拥有的财富、物品以及由此而产生的效用来决定，而是取决于个人所实现的自由程度，即“一个人选择有理由珍视的生活的实质自由—可行能力”(Sen，1999)。在森的福利理念中，自由概念包括了两个方面：即“功能”自由和“能力”自由。其中，功能（functions）是指一个人生活中所处的状态，例如，良好的教育、先进医疗条件、完善的社会保障等，功能的状况直接决定了人们生活水准的高低。能力（capabilities）则是指一个人拥有实现各种功能组合的潜力以及拥有在不同生活方式中做出选择的自由。能力和功能彼此密切相关。能力是实现功能的能力，是一个人拥有真正的自由去选择自己想过生活的能力。而功能是实现实质自由即拥有真正能力的基础和保证。功能自由是用来测量已实现的福利水平，而能力自由则是测量潜在或可行的福利水平（方福前和吕惠文，2009）。根据森的福利理念，本书将从功能自由和能力自由两个方面来建构一国的社会福利指数，具体如下：

$$W = f(C_i,\ F_i) \tag{3-1}$$

在式（3－1）中，W 代表森理念的社会福利指数，C_i 表示一系列反映能力状况的指标集合，F_i 表示一系列反映功能状况的指标集合。对于能力指标 C_i 的选取，本书借鉴森（1992）早期的福利函数思想：

$$\text{福利} = \text{人均收入} \times (1 - \text{基尼系数}) \tag{3-2}$$

依照森的可行能力方法，式（3－2）中的“福利”实际上仅是一种狭义的福利概念，从衡量一国的福利来讲，它与森所说的能力方面的福利内涵相互有所对应，据此，本书根据式（3－2）的思想，在保留基尼系数（Gini coefficient）的基础上，将人均收入替换为人均消费①，即，本书选择人均消费和基尼系数这两个指标来构成福利的能力方面指标集合 C_i。对于功能自由方面 F_i 的指标选取，以往文献没有统一标准，国内外学者在构建此指标时，主要是根据自己的认识和研究重点来进行选择，因此，对 F_i 福

① 因为人均收入有一部分要用于储蓄，所以人均消费水平更能直接反映出人们获得福利的水平。

利指标的选取不可避免地存有一定随意性和主观性。从已有文献来看，F_i 福利指标选取一般都包含有教育、医疗卫生、社会保障这三方面内容，在此基础上，有一部分学者还根据自己的研究需要把环境、治安、基础设施等其他领域的内容也纳入 F_i 福利指标体系中（高进云、乔荣锋等，2007；尹奇、马璐璐等，2010；逯进、陈阳等，2012）。然而，从国际上有关福利数据的权威统计资料看，如国际货币基金组织（IMF）的《政府财政金融年鉴》以及 OECD 统计数据库等，其出现“福利”这个项目的地方，主要是在政府账户支出中的“社会性支出”或“福利支出”里。在这些统计资料中，其对福利支出都是有明确的界定，即只包括教育、医疗和社会保障这三大类支出，而其他类支出，如环境、交通运输等名目的支出，则是明确列在“经济事务开支”栏目之下，不属于福利型开支。换而言之，国际上公认的“福利”项目一般都是指教育、医疗卫生、社会保障这三个方面内容。鉴于此，为了使 F_i 指标选取能够获得最大的共识，同时也为了使研究结果具有广泛的可比性，本文参照国际上权威统计资料对福利的界定概念，仅从教育、医疗卫生、社会保障三个方面来构建反映功能方面的 F_i 指标集合。

关于在教育、医疗卫生、社会保障这三个方面如何选择具体指标，目前主要有两种思路：一种是以用于福利转化的中间投入品作为指标来加以衡量（陈诗一、张军，2008；唐齐鸣、王彪，2012），如用每千人拥有医生数等指标来代表医疗卫生资源状况，用毛入学率来代表教育发展状况；另一种思路是以居民获得福利的最终效果作为指标来加以量化（刘长生、郭小东，2008；贾智莲、卢洪友，2010；钞小静、惠康，2011），例如，采用平均预期寿命来反映医疗卫生发展状况，用识字率来反映教育水平。以上两种关于福利指标选取的思路，各自侧重点有所不同。一方面，第一种思路所选取的指标，更多体现的是由经济增长转化而来的福利效果，因而能够较好地与经济增长水平相互对应；而第二种思路所选取的指标，度量口径较为宽泛，其所反映的福利状况很大程度上是一国多种因素共同作用的结果。例如，以平均预期寿命这一指标为例，俄罗斯的人均 GDP 约为中国的两倍还多，其医疗技术水平和人均医疗资源也远高于中国，但是，由于俄罗斯人有严重的酗酒习俗，其平均预期寿命仅为 70. 3 岁，比中国还要少 4. 5 岁。由此可见，平均预期寿命这一类指标，除了与一国经济增长水平相关以外，很大程度上还取决于该国风俗习惯、自然环境等一系列因素。另一方面，基于第二种思路选取的指标并不能很好地反映出一些具体类别的微观主体对社会福利的感知状态，例如，以识字率为例，识字率是指一个地区 15 岁以上人口中识字人口所占的比重。对于识字的人来说，大多数情况下，他本身并不感到识字是一种福利，反而觉得这是一件很正常的事。但对文盲的人来说，可能会感到不识字对其就业、生活所带来的麻烦，因此可能会觉得能够识字而不是文盲，是一种幸福的事，算是一种福利。但是相比较而言，如果采用中间投入品，例如，某几类的教育入学率来反映教育状况，则可以看到：对于所有想入学的人，无论他们最终是否能够被录取，都会认为入学率提高，是一件好事，表现了一种福利增进，因为这意味着教育资源变充足了，所有人获得教育资源更容易了。而不可能出现：只有最终入学的人才会认为入学率提高是一件好事，而无法入学的人就会认为它是一件无所谓的事。

鉴于本书研究的重点在于经济增长过程中所带来的福利转化效应，因此，本书采用上述“第一种思路”，即以用于福利转化的中间投入品指标来衡量 F_i；根据大多数文献的做法，同时考虑数据的可得性，我们选择中等教育

（含高中、初中）毛入学率和高等教育毛入学率来反映教育方面的状况[①]；选择每千人拥有医生人数、每千人医疗机构床位数来反映医疗卫生方面的状况，选择贫困率来反映各国社会保障方面的状况。

表3－1列出了反映福利能力方面（C_i）和功能方面（F_i）的所有指标及其具体含义。所有这些指标的原始数据均来自于世界银行WDI数据库、欧盟统计数据库（Eurostat）、OECD的统计数据库、《中国统计年鉴》，数据研究的时间跨度为1998～2012年。个别指标缺失年份的数据采用插补法进行估算。表3－2为所有指标描述性统计变量特征。所有指标的样本国家具体见表3－3。

表3－1　森理念的社会福利指标体系

社会福利	指标名称	指标选取	说明
能力自由（C_i）	消费水平	人均消费水平（＋）	消费水平越高，说明实现自己想要消费物品的范围越广，人们越自由
	分配程度	基尼系数（－）	反映人们获得自由选择机会的平等程度
功能自由（F_i）	医疗状况	每千人拥有医生人数（＋）	反映人们可以获得健康资源的自由程度
		每千人医疗机构床位数（＋）	
	教育状况	高等教育毛入学率（＋）	反映人们可以获得教育资源的自由程度
		中等教育毛入学率（高中、初中）（＋）	
	社会保障	贫困率（－）	既反映过去社会保障政策实施的效果，也代表未来需要社会保障的人口比例，还反映出人们在一国生活的自由底线

注：括号内的正负号表示相应指标对社会福利的增减性质。

① 我们没有选择初等教育毛入学率，主要是因为样本中包括中国在内的大多数国家都在经历人口老龄化，初等教育毛入学率伴随经济增长都是在下降的，此指标已无法最大限度地反映出经济增长的福利转化效果。

表 3－2　　森理念的社会福利指标描述性统计特征

变量	最大值	最小值	均值	标准差
人均消费水平	42852. 130	368. 371	13032. 660	11834. 420
基尼系数	0. 674	0. 218	0. 355	0. 100
每千人拥有医生人数	5. 683	0. 130	2. 552	1. 167
每千人医疗机构床位数	14. 960	0. 420	4. 649	2. 930
高等教育毛入学率	101. 759	2. 353	51. 218	22. 178
中等教育毛入学率	160. 619	24. 610	94. 978	19. 874
贫困率	66. 400	1. 700	17. 650	12. 837

表 3－3　　全样本国家

类别	数量	国家
发展中国家	24	中国、巴西、印度、俄罗斯、南非、阿根廷、白俄罗斯、玻利维亚、保加利亚、哥伦比亚、埃及、印度尼西亚、哈萨克斯坦、马来西亚、蒙古国、巴基斯坦、秘鲁、菲律宾、泰国、乌克兰、委内瑞拉、土耳其、墨西哥、智利
发达国家	31	美国、英国、澳大利亚、奥地利、比利时、加拿大、捷克、丹麦、爱沙尼亚、芬兰、法国、德国、希腊、匈牙利、冰岛、爱尔兰、以色列、意大利、日本、韩国、卢森堡、荷兰、新西兰、挪威、波兰、葡萄牙、斯洛伐克、西班牙、瑞典、瑞士

注：发达国家的选择标准参见 IMF 的 WEO。

第二节　基于动态因子法（DFA）的福利指数测算实施步骤

森理念所阐述的社会福利指数是一系列指标综合属性的反映，但是森本人并没有相应地提出具体测算方法，因此，对于森理念的福利指数测度一般需要运用多元统计方法。现有文献中，按照权重产生的方式不同，多元统计方法可以分为主观赋权法和客观赋权法两大类。其中，主观赋权法主要是以层次分析法（AHP）（Saaty，1977）为代表，这类方法在对各指标权重赋值时，以研究者的主观经验为依据，具有较大的随意性，因而很难获得广泛一致的认可。而客观赋权法主要以主成分分析法（PCA）（Karl Pearson，1901）、TOPSIS法（Hwang & Yoon，1981）为代表，它们在确定指标权重时，是根据所选指标自身信息而非个人主观来判断，因而能够得到较为客观的评价结果。但是，传统的客观赋权法如主成分分析法（PCA），也存在一个明显的不足，即：它们只赋予每个指标一个固定不变的权重。这种情况严格来说只适用于截面数据的横向比较，在对多主体多时期进行动态评价时，由于不同指标各期的变化程度并不一致，每个指标在各期都会产生不同的权重，因此，在对面板数据进行纵向评价时，所得的结果会存在明显的不精确和不可比性。由库比和扎奈拉（Coppi & Zannella，1978）提出的动态因子法（dynamic factor analysis，DFA）较好地解决了这一问题，更适用于对多主体跨期变化趋势的分析与评价。因此，我们选择动态因子法（DFA）来对全样本国家在1998～2012年间的社会福利指数进行测算。

动态因子法（DFA）是一种三维阵列的统计分析方法，其核心思想是：将主成分分析得到的截面分析结果与运用线性回归得到的时间序列分析结果进行结合，从而能够综合考虑到样本、变量和时间三个因素。其具体计量模型如下：

设给定数组为

$$X(I,\ J,\ T)=\{x_{ijt}\},\ i=1,\ 2,\ \cdots,\ I;\ j=1,\ 2,\ \cdots,\ J;\ t=1,\ 2,\ \cdots,\ T \tag{3-3}$$

式（3-3）中，i 表示不同的国家主体，j 表示不同的福利指标，t 表示不同时期。$X(I,\ J,\ T)$ 代表 I 个主体的 $J\times T$ 个观测值。任一个指标 x_{ijt} 都可以进一步分解成以下四个部分，具体有

$$x_{ijt}=\bar{x}_{\cdot j\cdot}+(\bar{x}_{ij\cdot}-\bar{x}_{\cdot j\cdot})+(\bar{x}_{\cdot jt}-\bar{x}_{\cdot j\cdot})+(x_{ijt}-\bar{x}_{ij\cdot}-\bar{x}_{\cdot jt}+\bar{x}_{\cdot j\cdot}) \tag{3-4}$$

式（3－4）中，x_{ijt}表示某一指标的总体平均值，（$\bar{x}_{ij\cdot}-\bar{x}_{\cdot j\cdot}$）反映了随时间变化的各样本静态结构带来的影响，（$\bar{x}_{\cdot jt}-\bar{x}_{\cdot j\cdot}$）反映忽略个体差异的动态变化影响，（$x_{ijt}-\bar{x}_{ij\cdot}-\bar{x}_{\cdot jt}+\bar{x}_{\cdot j\cdot}$）反映的是动态差异带来的影响，即单个样本与时间的交互影响。整个式（3－4）体现的是一种双因素方差分析模型，也是动态因子分析的基本模型。根据式（3－4），若S代表福利指标的方差或协方差矩阵，则其可分解成两个部分：

$$S=({}^{*}S_I+S_{IT})+{}^{*}S_T=S_T+{}^{*}S_T \tag{3-5}$$

式（3－5）中，${}^{*}S_T$为主体静态结构矩阵，是各主体跨期平均方差或协方差矩阵，反映了各主体独立于时间维度的相对结构差异；S_T为单个主体的动态差异矩阵，是个体和时间交互作用的方差或协方差矩阵，反映了由所有主体总体平均水平变化和单个主体变化引致的动态差异；S_T具体是根据主成分分析法（PCA）算得的各时期平均离差矩阵；${}^{*}S_T$为平均动态变化矩阵，反映消除个体影响的时间维度的动态差异，具体由以下式（3－6）中线性回归模型产生的各时期平均方差或协方差矩阵表示：

$$\bar{x}_{\cdot jt}=a_j+b_jt+e_{jt},\ j=1,\ 2,\ \cdots,\ J;\ t=1,\ 2,\ \cdots,\ T \tag{3-6}$$

同时，式（3－6）中残差必须满足以下条件：

$$\mathrm{cov}(e_{jt},\ e_{j't'})=\begin{cases}w_j & j=j';\ t=t'\\ 0 & j\neq j';\ t\neq t'\end{cases} \tag{3-7}$$

根据动态因子法（DFA）原理，对所有数据进行如下处理：

第一步，对所有的数据x_{ijt}进行Z标准化处理①，以消除指标量纲的影响。

① Z标准化处理是指对所有年份的样本进行标准化处理。

第二步，根据各年的协方差矩阵 $S(t)$，求解平均协方差矩阵 S_T：

$$S_T = \frac{1}{T}\sum_{t=1}^{T} S(t) \tag{3-8}$$

在式（3-8）中的，S_T 综合反映了数据静态结构差异的影响和动态变化的影响。

第三步，求解 S_T 的特征根与特征向量，以及各个特征根的方差贡献率，提取公因子并建立原始因子载荷矩阵。

第四步，计算各主体的静态得分矩阵：

$$c_{iht} = (\bar{z}_i - \bar{z}_{.})' \cdot a_h \tag{3-9}$$

在式（3-9）中，$\bar{z}_i = \frac{1}{T}\sum_{t=1}^{T} z_{it}$ 为单个样本的平均向量，$\bar{z}_{.} = \frac{1}{I}\sum_{i=1}^{I} \bar{z}_i$ 为总体的平均向量，其中 $i=1，2，\cdots，I$；$t=1，2，\cdots，T$。

第五步，计算出各主体的动态得分矩阵：

$$c_{iht} = (z_{it} - \bar{z}_{.t})' \cdot a_h \quad h=1，2，\cdots，k；t=1，2，\cdots，T \tag{3-10}$$

在式（3-10）中，$\bar{z}_{.t} = \frac{1}{I}\sum_{i=1}^{I} z_{it}$ 为第 t 年各指标的均值。

第六步，以各主成分所对应的特征根占所提取主成分所对应的总的特征根之和的比例作为权重计算主成分综合得分。

第三节　世界主要国家福利指数测算结果及分析

一、世界主要国家森理念的福利指数测算结果

根据本章第二节所介绍的动态因子法（DFA）的步骤，可以得到整个样

本的特征值以及因子方差贡献率和累计方差贡献率，具体如表 3－4 所示。

表 3－4　　动态因子分析法（DFA）运行结果

项目	e_1	e_2	e_3	e_4	e_5	e_6	e_7
特征值	57. 4460	14. 4410	11. 9806	6. 2601	5. 9013	4. 7940	3. 4849
方差贡献率	0. 5507	0. 1384	0. 1149	0. 0600	0. 0566	0. 0460	0. 0334
累积方差贡献率	0. 5507	0. 6891	0. 8040	0. 8641	0. 9206	0. 9666	1

按照累计方差贡献率大于 80% 的原则，提取表 3－4 中的公因子 e_1、e_2、e_3 来代表所有原始指标，并根据其所对应的特征根及特征向量，对全样本 55 个国家 1998～2012 年的社会福利指数进行计算并排名，具体结果如表 3－5 和图 3－1 所示。

表 3－5　　世界 55 个国家 1998～2012 主要年份的森理念福利指数值

国家	森理念社会福利指数									
	1998 年	2000 年	2001 年	2003 年	2005 年	2008 年	2009 年	2010 年	2012 年	排名
中国	31. 14	32. 22	29. 94	27. 69	30. 65	32. 37	34. 07	33. 38	38. 47	41
白俄罗斯	83. 95	81. 97	86. 43	86. 97	93. 29	99. 36	99. 76	100	93. 58	1
奥地利	94. 10	95. 01	94. 25	89. 34	90. 20	91. 23	92. 50	92. 83	91. 15	2
德国	91. 00	90. 06	89. 17	87. 36	87. 20	83. 72	84. 27	84. 44	85. 08	3
挪威	88. 90	88. 42	88. 55	89. 26	87. 47	86. 45	86. 95	86. 00	84. 14	4
冰岛	88. 38	89. 22	88. 56	91. 69	89. 44	83. 88	84. 50	85. 01	83. 66	5
希腊	70. 16	72. 64	74. 28	76. 71	84. 41	87. 72	88. 49	87. 45	83. 61	6
芬兰	94. 37	94. 56	92. 32	93. 15	89. 68	87. 00	85. 60	84. 91	82. 14	7
日本	89. 70	88. 69	88. 67	88. 36	87. 07	84. 76	84. 03	83. 09	81. 76	8
荷兰	85. 16	83. 33	84. 64	81. 95	82. 76	78. 10	77. 71	77. 02	81. 37	9

续表

国家	森理念社会福利指数									
	1998 年	2000 年	2001 年	2003 年	2005 年	2008 年	2009 年	2010 年	2012 年	排名
丹麦	88.59	88.62	89.39	87.64	89.79	84.92	83.13	82.72	81.13	10
捷克	78.13	80.80	81.80	81.35	81.86	81.33	80.81	80.68	79.46	11
比利时	98.13	91.42	94.01	92.37	83.55	80.22	80.69	79.78	78.87	12
俄罗斯	77.74	78.53	79.01	81.19	79.81	79.40	79.24	78.34	78.71	13
韩国	64.03	67.07	66.70	68.56	70.11	73.70	74.77	75.94	77.96	14
乌克兰	70.68	71.90	71.81	76.41	72.38	73.33	74.01	73.87	77.45	15
瑞士	82.02	81.98	81.00	80.83	83.21	77.49	78.12	78.40	76.63	16
澳大利亚	80.54	81.41	79.71	80.56	78.25	72.70	73.93	74.59	76.43	17
法国	90.29	87.72	86.68	85.49	83.89	80.70	79.37	77.81	76.20	18
瑞典	91.31	90.96	90.2	90.54	83.21	78.93	77.58	77.25	75.14	19
哈萨克斯坦	52.18	49.61	49.90	62.51	67.56	73.61	75.29	76.12	73.61	20
西班牙	69.30	73.73	71.16	72.51	74.17	72.25	70.53	72.25	72.55	21
斯洛文尼亚	74.36	75.70	76.13	76.01	75.59	75.74	73.97	73.50	72.31	22
爱尔兰	67.33	71.04	71.05	70.57	72.49	75.08	69.42	71.17	72.19	23
葡萄牙	68.35	68.49	68.77	67.48	65.86	67.76	68.45	69.58	71.32	24
斯洛伐克	74.80	76.28	75.37	74.15	72.41	75.26	74.28	73.72	70.49	25
爱沙尼亚	70.75	71.63	70.87	70.30	70.33	72.93	71.78	70.82	69.84	26
匈牙利	77.73	75.97	76.75	79.53	78.44	75.53	74.77	73.76	69.50	27
意大利	79.95	80.03	80.73	77.00	75.09	75.70	72.00	69.21	69.20	28
卢森堡	77.88	75.76	75.02	72.74	72.38	70.19	69.42	70.41	68.99	29
新西兰	76.39	75.15	74.33	73.28	71.33	67.37	69.88	68.79	67.97	30
保加利亚	79.16	75.38	73.66	72.94	73.89	65.83	67.65	67.62	67.38	31
波兰	68.25	67.50	69.98	68.48	65.51	65.91	65.91	65.43	64.93	32

续表

国家	森理念社会福利指数									
	1998 年	2000 年	2001 年	2003 年	2005 年	2008 年	2009 年	2010 年	2012 年	排名
英国	66.83	67.21	67.53	68.65	69.11	71.96	66.31	65.96	63.94	33
阿根廷	42.53	43.53	39.97	32.33	41.93	52.50	55.32	58.13	62.26	34
美国	66.79	65.81	65.65	65.64	64.67	63.37	67.54	62.68	62.10	35
加拿大	71.85	68.46	68.65	66.93	64.37	62.20	62.23	62.08	61.45	36
蒙古国	54.10	53.58	53.55	52.69	51.78	47.34	47.03	47.35	57.93	37
以色列	68.70	68.78	66.77	65.37	61.49	61.04	60.23	58.92	57.12	38
埃及	47.84	49.01	47.45	47.12	46.82	44.72	44.24	43.39	42.01	39
土耳其	33.93	34.97	36.01	36.26	36.55	39.93	39.24	39.95	41.60	40
委内瑞拉	17.98	18.51	18.46	12.98	17.40	36.49	36.81	35.55	37.75	42
泰国	20.50	18.56	21.02	23.99	26.39	29.27	30.31	31.21	34.83	43
智利	28.82	29.59	29.44	30.01	33.03	33.01	32.51	32.88	34.42	44
马来西亚	31.92	32.58	31.56	32.43	31.26	31.08	31.58	32.38	33.00	45
墨西哥	27.46	27.18	27.35	30.50	28.94	29.93	30.11	30.20	31.17	46
巴西	20.04	21.34	21.34	20.48	24.70	28.95	28.33	28.19	28.32	47
印度	14.63	19.28	18.62	18.40	16.32	16.89	18.00	19.74	25.93	48
秘鲁	10.14	11.69	11.21	7.34	8.95	18.67	20.3	21.45	23.49	49
印度尼西亚	27.91	27.61	27.34	27.45	25.17	26.41	25.85	26.64	23.18	50
菲律宾	22.20	21.30	23.33	25.60	24.39	23.40	23.61	23.20	22.49	51
哥伦比亚	7.27	6.93	7.68	7.70	11.34	12.31	14.24	19.46	18.23	52
南非	14.65	9.81	11.39	14.16	14.53	12.02	13.88	13.41	12.47	53
巴基斯坦	9.88	17.30	16.73	20.95	21.35	14.39	13.12	11.25	9.91	54
玻利维亚	5.14	3.08	3.963	4.03	4.98	5.83	6.77	9.57	9.06	55
全样本均值	59.74	59.80	59.74	59.74	59.74	59.86	59.83	59.81	59.74	—

注：排名是指对 2012 年 55 个国家福利指数进行排序。

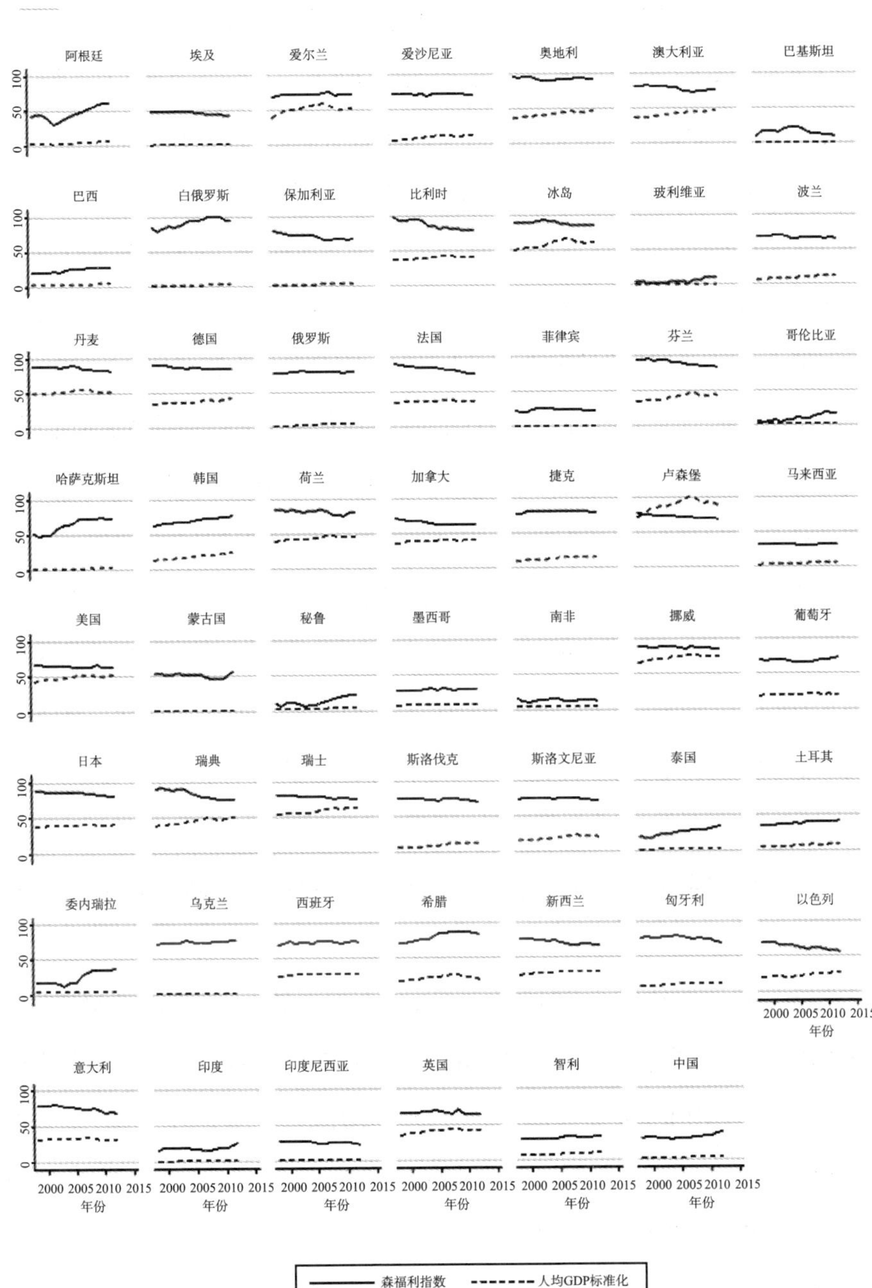

图3－1 世界55个主要国家森理念的福利指数和人均GDP趋势线

图 3 - 1 是世界 55 个主要国家基于森理念的福利指数和人均 GDP 标准化趋势线。从图中可以最直观地看出，一国的社会福利水平并不必然随着人均 GDP 水平呈同趋势变化，如美国、日本、德国、法国等很多发达国家，还有如埃及、巴基斯坦这些发展中国家，其社会福利伴随着人均 GDP 增加都呈现出负增长趋势。而属于发达国家阵列的韩国，其社会福利水平比美国还高，但福利依然伴随着人均 GDP 增加而增加。中国、印度的社会福利水平从 2010 开始发展速度已明显地快于人均 GDP 的增长速度。总的来说，图 3 - 1 中，各国的社会福利与人均 GDP 之间的发展趋势呈现出"千姿百态"的状况，并不像传统的新古典经济学理论那样，将消费视作福利等价物，认为消费所代表的福利应与人均 GDP 呈同趋势变化。特别是，对于中国来说，近几年，人均消费水平相对于人均 GDP 增速缓慢，社会舆论普遍认为中国的福利发展水平是滞后的，但是从图 3 - 1 看，中国基于森理念的社会福利最近几年的增长反而是明显快于人均 GDP 的增长，这反映出中国的经济增长其实已经开始很好地用于社会福利转化。至于，一国的福利转化与经济增长之间究竟呈现出什么样的发展规律，本书将会在后续第六章做详细分析。

二、中国与各类型国家福利指数的水平及趋势比较分析

根据表 3 - 5 的结果，本部分来分析基于森理念的发达国家、发展中国家、全样本国家，以及中国的福利指数变化趋势。从图 3 - 2 可以看到，发达国家的整体社会福利平均水平是最高的，但从 1998 年开始一直呈现出缓慢下降趋势，从原来的 78.24，逐渐下降到 2012 年的 73.12，这一情况表明部分发达国家已经开始呈现出"去福利化"的特征。这一分析结果与上文对图 3 - 1 中一些国家的分散分析是相同的。对于世界 55 个国家的福利平均水平而言，其值一直都维持在 59.75 左右，没有发生什么显著变化。与世界平均水平相比，发展中国

家的福利水平普遍比较低，大约比世界平均水平要低20个百分点，但呈现出上升趋势，从1998年的39.12逐渐上升到2012年的44.16。而对于中国的社会福利水平来说，其处于一个比较低的状态，还不及发展中国家的平均水平，明显落后于世界55个主要国家的平均水平，更要远远低于发达国家的福利水平。

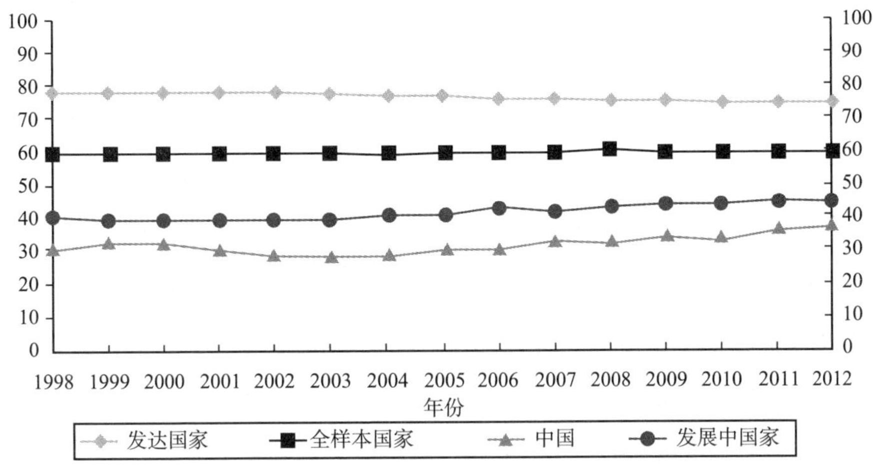

图3-2 基于森理念福利水平变化趋势

为了能够进一步揭示出基于森理念的中国福利指数与发展中国家、发达国家、世界全样本国家福利指数之间的变化趋势所独有的特征，本书将其与图3-3基于庇古理念的上述各类国家的福利指数变化趋势进行比较。具体来说，图3-3中的庇古理念福利指数是由各国实际人均消费支出进行正向标准化得来[①]。通过图3-2和图3-3比较可以发现：从福利的绝对水平看来，基于森理念的中国社会福利水平与发展中国家、发达国家、世界全样本国家的福利水平绝对差距在1998~2012年整个观测期间要明显小于基于庇古理念的

① 人均消费支出正向标准化的具体计算公式为：$Wit' = (Wit - \min\{Wt\})/(\max\{Wt\} - \min\{Wt\})$，其中 Wit' 表示第 i 个国家第 t 年的人均消费支出，$\max\{Wt\}$ 和 $\min\{Wt\}$ 分别为人均消费支出在所有国家所有年份中的最大值和最小值（武剑，2012）。

中国福利水平与上述各类型国家的福利水平绝对差距。从福利的增长速度看，基于森理念的中国福利指数在 1998 ~ 2012 年的观测时期，大体呈现出三个阶段，第一个阶段为 1998 ~ 2003 年，这一阶段中国的社会福利水平总体是下降的，增长速度为负。第二个阶段为 2003 ~ 2010 年，中国的社会福利水平在这一阶段呈现上升状态，但增速缓慢。第三个阶段为 2010 ~ 2012 年，中国的社会福利水平呈现出迅速上升的状态。而从基于庇古理念的中国福利水平来看，中国的福利在整个观测期内，虽然总体一直处于上升状态，但增长速度极为缓慢。对比森理念和庇古理念的中国福利指数的平均增长速度，总体来看，森理念的福利平均增长速度要明显地大于庇古理念的福利增长速度，这反映出中国在医疗、教育、社会保障等方面的福利发展速度要明显快于其以消费所代表的福利增长速度。从中国与世界各国福利的发展趋势来看，基于森理念的中国福利水平从 2001 年开始与发达国家、发展中国家、世界全样本国家的福利水平差距呈出不断缩小的趋势，中国的福利水平表现出"追赶"上述各类型国家的状况，即基于森理念的中国福利水平表现出的是一种进步状态。

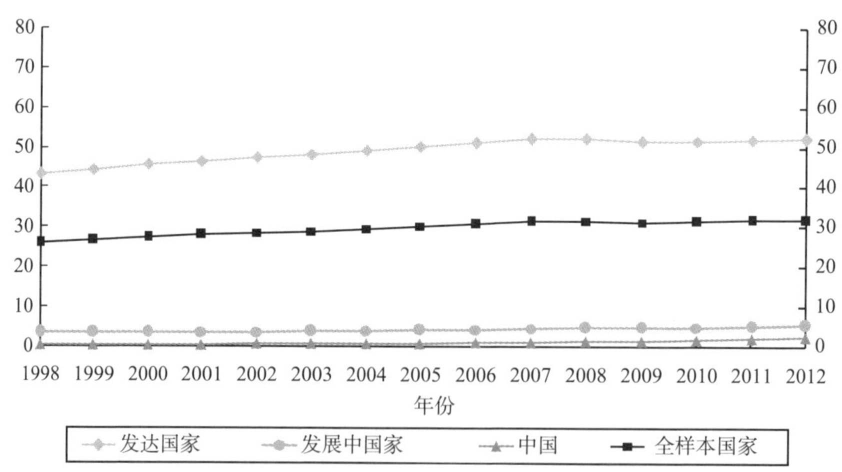

图 3－3　基于庇古理念福利水平变化趋势

而基于庇古理念的中国福利水平，其增长速度要明显慢于发达国家、发展中国家、世界全样本国家的福利增长速度，从而使得基于庇古理念的中国福利水平与上述各类型国家的福利水平总体差距越来越大，这说明庇古理念的中国福利水平表现出来的是一种落后状态。

上述基于森理念和庇古理念的福利发展状况的比较说明：森理念的福利水平在变化趋势上与庇古理念的福利水平的变化趋势具有截然不同的特征，而传统的庇古福利理念由于过度的关注商品及其效用已广为受到批判。因此，从政策含义来讲：如果采用庇古福利理念制定福利政策可能会在方向上产生根本性的误导，而基于森理念来制定福利政策，则可能更具有正确的导向意义。

第四节 基于森理念和庇古理念的各国福利水平收敛性比较分析

以往关于收敛性的研究，大多集中在经济增长领域，而关于社会福利的收敛性研究，却鲜有发现。一国经济增长与社会福利本应是两个相互对应的事物，在对经济增长收敛性进行研究的同时，实际也有必要对社会福利的收敛性开展相应研究。特别是，至本书出版之际，我们尚未发现有相关文献对森理念的社会福利指数收敛性进行研究的，鉴于此，本节将对世界 55 个主要国家基于森理念与庇古理念的福利指数收敛性开展比较分析，以期从收敛性这一角度，来进一步揭示基于森理念与传统庇古理念福利指数所具有的不同特征，从而进一步阐明基于森理念研究社会福利的必要意义。

在现有文献中，一般涉及三类收敛性研究：σ 收敛、绝对 β 收敛和条件

β 收敛。本书对福利的 σ 收敛性分析是指对各国的福利指数的变异系数（CV）分布状况进行研究，变异系数（CV）随时间逐渐减小就是 σ 收敛。存在 σ 收敛性就表明各国的福利水平越来越接近，各国的福利差距逐渐减小。σ 收敛和绝对 β 收敛都属于绝对收敛概念。绝对 β 收敛是指每一个经济体的福利都会达到完全相同的稳态增长速度和增长水平。绝对收敛的回归等式比较简单，具体如下：

$$g = \alpha + \beta \ln w + \varepsilon \tag{3-11}$$

式（3-11）中，g 为一国福利指数增长率，α 为常数项，$\ln w$ 为一国初始福利水平，当 $\ln w$ 的回归系数 β 显著为负时，就表明各国间存在绝对 β 收敛。

对于条件收敛而言，其强调各国的特征和条件不同，在考虑了国家间不同的特征和条件后，如果回归系数 β 仍显著为负，则说明各国福利存在条件 β 收敛，它表示每个国家都在朝各自的福利稳态水平趋近，这个稳态水平依赖于一国自身的特征，因此即使存在条件收敛也并不意味着各国之间的绝对福利水平会趋同。简而言之，绝对 β 收敛和条件 β 收敛都是向稳态水平趋近，只不过绝对 β 收敛中所有经济体的稳态水平都是相同的，而条件收敛中经济体具有不同的稳态水平，因而绝对 β 收敛表明所有国家的福利水平最终都会相同，而条件 β 收敛则表明各国之间的福利差距会持久存在。

福利的绝对 β 收敛速度是指低福利水平国家的福利追赶高福利水平国家福利的速度。而福利的条件 β 收敛速度则是指一国的福利水平趋近自身稳态水平的速度。收敛速度通常用百分比来表示，比如说5%，它是指经济体每年能够缩小福利实际水平与稳态水平之间差距的5%，也就是说实际的福利水平每年向稳态收入水平靠近的幅度是5%。一个直观的方法是转换为半程收敛时间，即减少实际水平与稳态水平之间差距的一半所需要的年数，例如，

5%的收敛速度对应的半程收敛时间是 18 年，如果收敛速度保持 5%不变，18 年后福利实际水平与稳态之间的差距是目前实际水平与稳态之间差距的一半。近似计算公式是 $70/\beta$（Romer，2001）。

对条件 β 收敛进行检验的一个较为便捷方法是运用静态面板回归估计方法（Miller & Upadhyay，2002）。这一方法能够设定截面和时间固定效应，因而考虑了不同个体的不同的稳态值，也考虑了个体自身稳态值能随时间的变化而变化。使用静态面板回归估计的最大优点是能避免遗漏解释变量，并且避开了对解释变量的选择问题。另一个方法是在回归等式右边加入一些有可能影响福利增长的控制变量 x，如城市化水平、对外开放度等，具体控制变量选择会因研究者各自的目的而有所不同，这种方法的条件 β 收敛检验模型如下：

$$g = \alpha + \beta \ln W + \gamma x + \varepsilon \tag{3-12}$$

在式（3－12）中，回归系数 β 显著为负，就表明存在条件收敛。但是式（3－12）会存在一些问题，例如，首先在加入控制变量 x 后，仍然会存在遗漏解释变量，因为我们不可能加入所有可能的解释变量；其次，这些遗漏的解释变量会与控制变量 x 产生相关性，会导致内生性问题。鉴于此，本书选择第一种方法即静态面板效应模型来检验各国间福利的条件 β 收敛性。

一、世界主要国家福利指数 σ 收敛性检验

图 3－4 和图 3－5 分别反映的是基于森理念和庇古理念的福利 σ 收敛情况，从这两幅图看，基于森理念和庇古理念的全样本国家、发达国家、发展中国家福利变异系数（CV）趋势线全部都呈下降趋势的，这说明三类国家内部福利差距无论是基于哪一种理念都是在缩小的，图 3－4 和图 3－5 的另外一个共同点是发达国家的福利 CV 趋势线位置都是位于最底端，这反映无论

是仅从消费指标看，还是从医疗、教育、社会保障这些社会指标看，发达国家间的社会福利差距都是最小的。对于图3－4和图3－5来说，其最大的不同主要体现在全样本国家和发展中国家两者福利的CV趋势线相对位置和趋势线下降的程度上。具体来说，在图3－4基于森理念的发展中国家CV趋势线位于全样本国家CV趋势线之上，而在图3－5中，基于庇古理念的全样本国家CV趋势线却位于发展中国家CV趋势线之上。这说明发展中国家在医疗、教育、社会保障这方面的差异非常之大，以至于明显超过了单以消费这一指标所反映的福利差距，从而使得其总体社会福利差距超过了世界平均水平。而图3－5中基于庇古理念的发展中国家和全样本国家CV趋势线下降的程度要明显的大于图3－4基于森理念的下降程度，这反映出广大发展中国家的社会发展思路似乎仍然是停留在庇古理念上，看重用消费或人均GDP所反映的福利状况，注重消除在消费或人均GDP上与发达国家的差距，而在医疗、教育、社会保障这方面的发展差距消除却相对轻视。

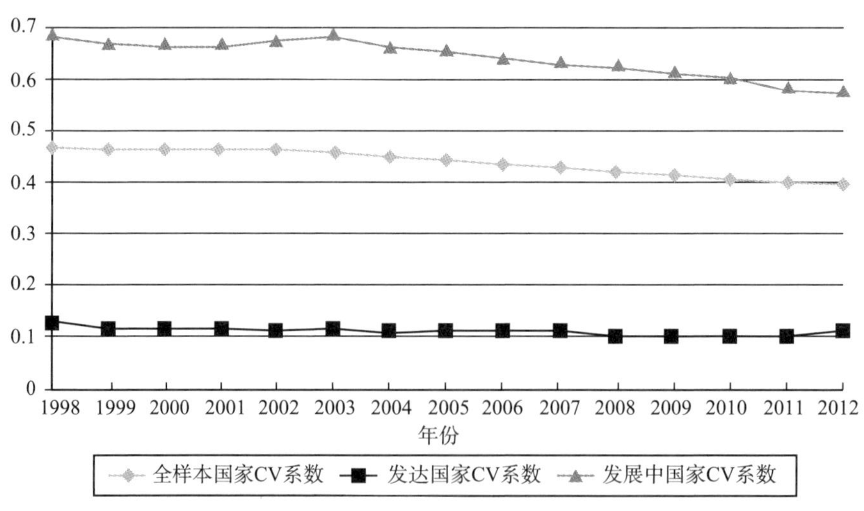

图3－4　基于森理念福利CV系数趋势

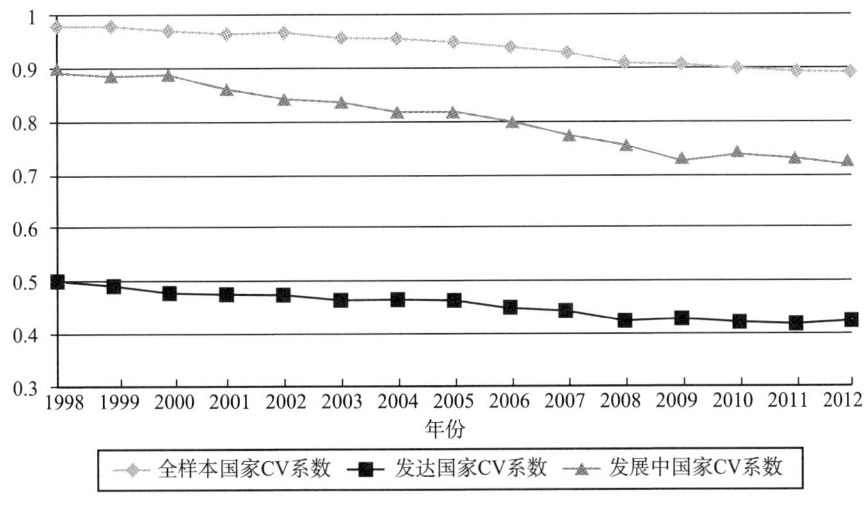

图 3－5　基于庇古理念福利 CV 系数趋势

二、世界主要国家福利指数绝对 β 收敛检验

以下，本书将用单方程来检验福利的绝对 β 收敛，具体回归方程如式（3－13）所示：

$$\frac{\ln w_{iT}-\ln w_{it}}{T-t}=a+\beta_w \ln w_{it}+\varepsilon \tag{3-13}$$

在式（3－13）中，t 和 T 代表期初和期末时点，$T-t$ 为观察时间长度，w_{it}和 w_{iT}分别表示期初和期末时点的 i 经济体的福利指数，收敛速度 λ 可以用如下等式计算（Mankiw，Romer & Weil，1992）：

$$\beta_w=\frac{e^{-\lambda(T-t)}-1}{T-t} \tag{3-14}$$

式（3－14）中，若 λ 值为正则说明经济体间的福利是收敛的，而 λ 值为负说明经济体间的福利是发散的。

表3－6报告了式（3－13）的OLS回归结果，从回归系数的显著性水平来看，森理念和庇古理念下的福利指数都具有显著的绝对收敛特征。从收敛速度看，发展中国家和发达国家表现出一些截然相反的特征。首先，在庇古理念下，发展中国家的福利收敛速度λ为4.48%，要明显快于发达国家的收敛速度1.63%，而在森理念下，发达国家的福利收敛速度λ为3.75%，却要明显地快于发展中国家1.94%的收敛速度，这再次说明发达国家要相对于发展中国家来说，更注重于在教育、医疗、社会保障这些社会民生方面的发展，更加注重消除在这些方面与先进国家的差距，这一分析结果与通过CV趋势曲线所得到的σ收敛分析结果相一致。就发展中国家和发达国家各自内部而言，发展中国家森理念的福利收敛速度（1.94%）要比其自身的庇古理念的福利收敛速度（4.48%）一半还要低，而发达国家森理念的福利收敛速度（3.75%）却比其自身的庇古理念的福利收敛速度（1.63%）一倍还要高。这反映出发展中国家在教育、医疗、社会保障这些社会民生方面的差距缩小的速度也要比其在人均消费水平方面差距缩小速度缓慢很多，而发达国家在社会民生方面的差距缩小的速度却要比其在人均消费水平方面快很多。

表3－6　　森理念和庇古理念的福利绝对收敛检验（OLS）

变量	森理念的福利收敛			庇古理念的福利收敛		
	发展	发达	全样本	发展	发达	全样本
β_W	－0.0170***	－0.0292***	－0.0186***	－0.0333***	－0.0146***	－0.0195***
标准误	0.0051	0.0095	0.0037	0.0072	0.0020	0.0050
R^2	0.3293	0.2908	0.5286	0.7574	0.6509	0.6574
F	10.96	9.42	25.10	21.53	54.56	15.23

续表

变量	森理念的福利收敛			庇古理念的福利收敛		
	发展	发达	全样本	发展	发达	全样本
是否收敛	是	是	是	是	是	是
λ	0.0194	0.0375	0.0215	0.0448	0.0163	0.0228

注：*** 、** 、* 分别表示在1%、5%、10%的显著性水平下显著。

下面为了直观展示森理念和庇古理念下的福利水平收敛性情况，在图3－6、图3－7和图3－8中，本书分别绘制出了发展中国家、发达国家和全

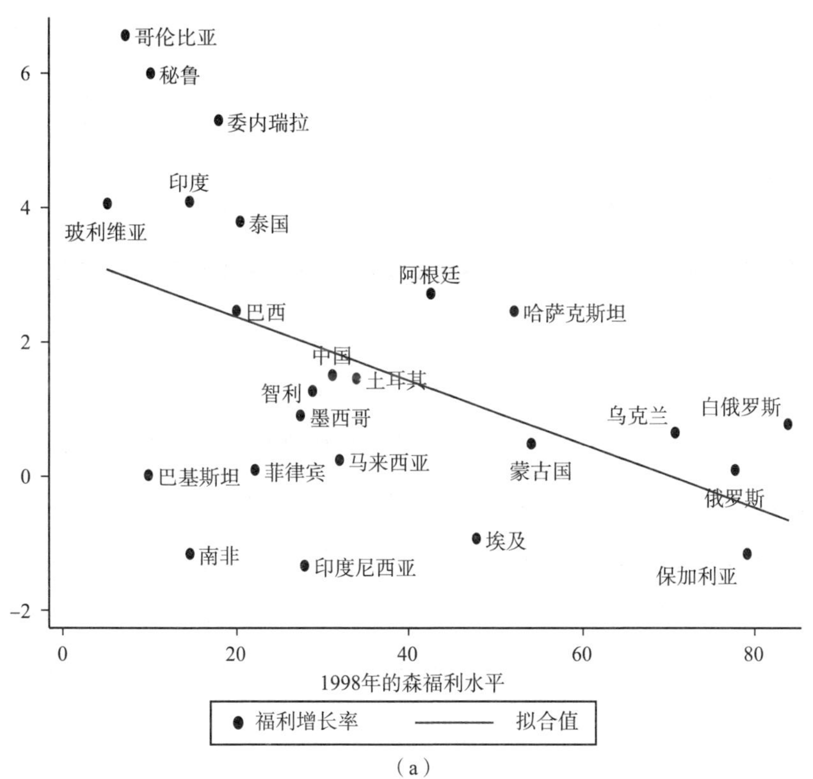

（a）

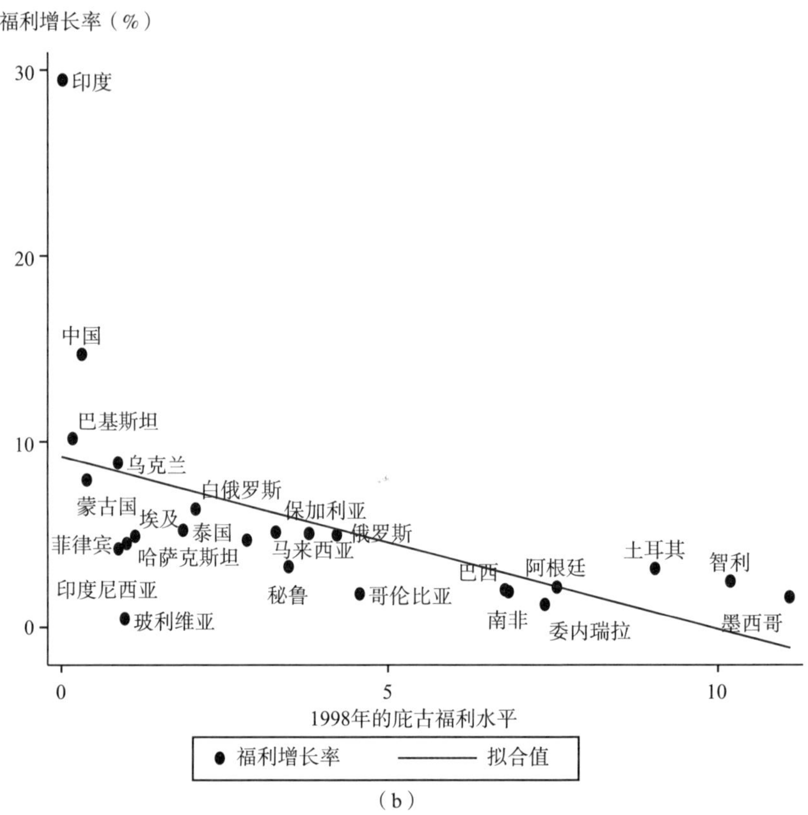

（b）

图 3－6　1998～2012 年发展中国家森和庇古理念的福利增长收敛趋势

样本 55 个国家 1998～2012 年基于森理念和庇古理念的福利水平几何平均增长率对数（$[\ln(w_{i2012})-\ln(w_{i1998})]/14$）和基期 1998 年的福利水平（$w_{i1998}$）的散点图以及一次拟合线。从中可以清晰看出：在 1998～2012 年间，各类型国家的福利增长和初始福利水平总体上都呈现出负相关，这说明无论是基于森理念测算的福利指数，还是基于庇古理念测算的福利指数，福利水平较高的国家，其福利水平的提高速度会相对较慢，各类型国家间福利增长存在趋同现象。

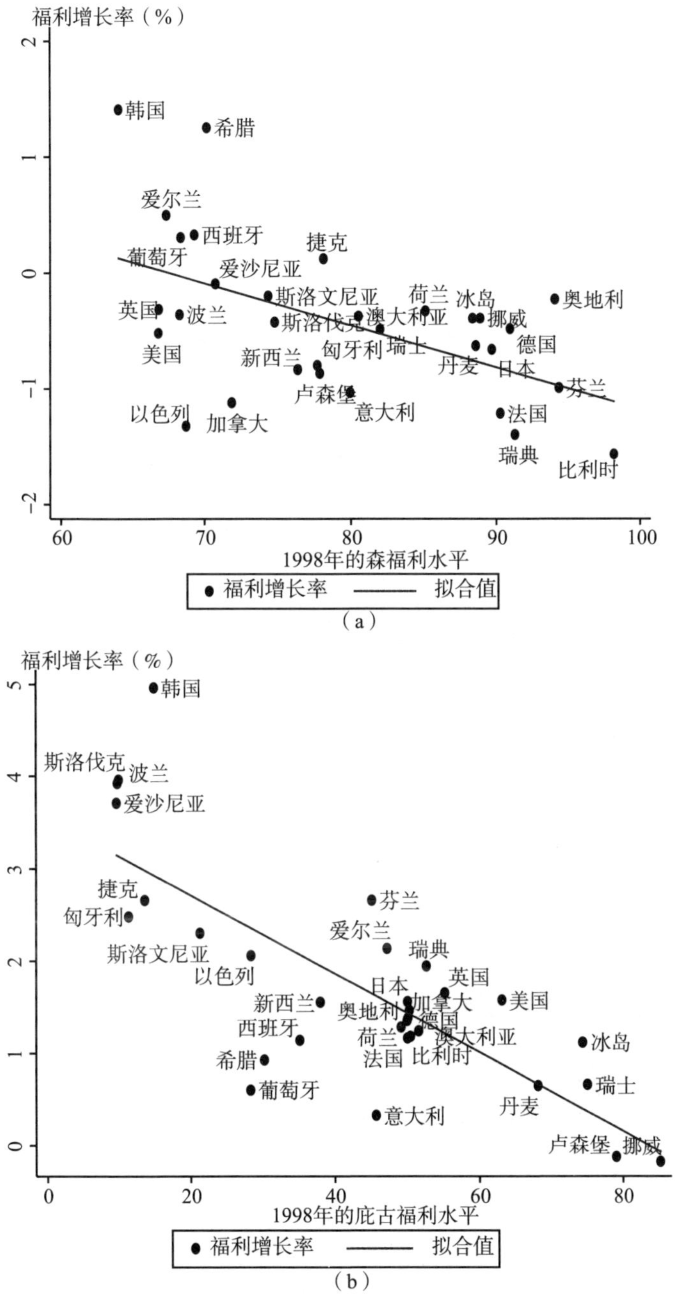

图 3－7　1998～2012 年发达国家森和庇古理念的福利增长收敛趋势

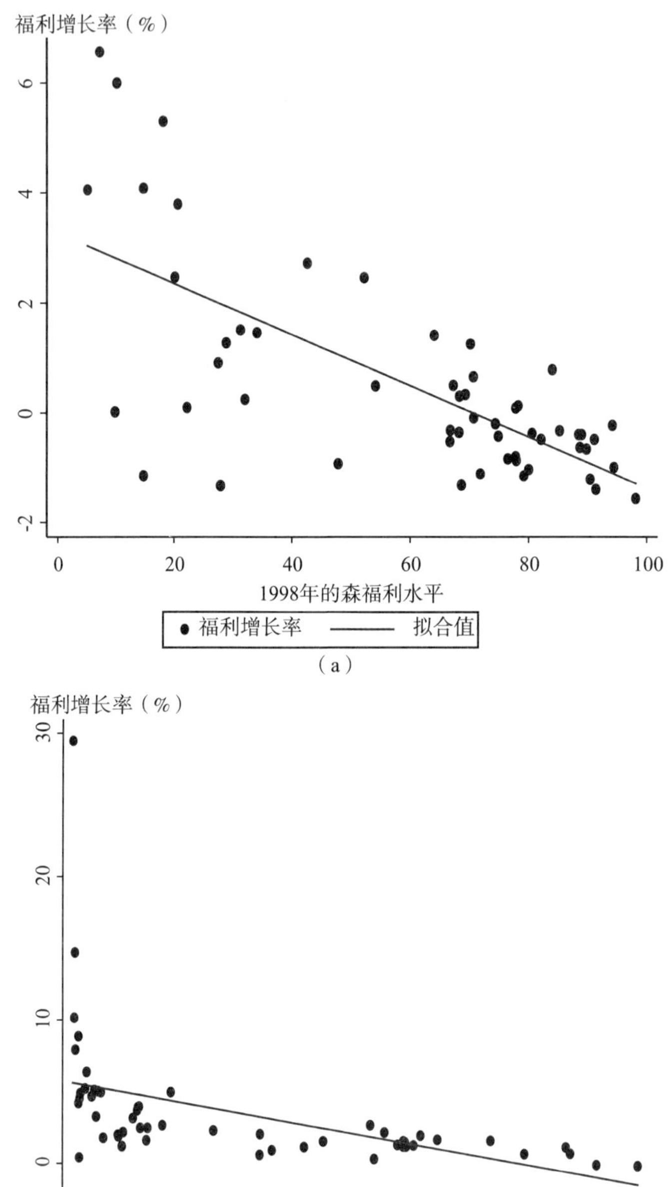

图 3-8　1998～2012 年全样本 55 个国家森和庇古理念的福利增长收敛趋势

三、福利水平条件收敛检验的静态面板固定效应估计

下面式（3－15）为判断各国社会福利水平是否存在条件 β 收敛的具体检验模型：

$$\ln w_{i,t} - \ln w_{i,t-1} = a + \beta_w \ln w_{i,t} + \varepsilon \qquad (3-15)$$

根据式（3.15），福利水平的收敛速度 λ 可用下面的式（3－16）计算：

$$\beta_w = e^{-\lambda\tau} - 1 \qquad (3-16)$$

在式（3－16）中，τ 为时间间隔，由于本文测算的是每间隔一年的福利收敛速度，所以有 $\tau = 1$。

本书式（3－15）模型选择的是固定效应模型而不是选择随机效应模型，主要是因为随机效应假定未观测效应与等式右边的解释变量不相关，而固定效应模型则不需要这种严格假定，它允许未观测效应与解释变量可以存在任意的相关关系（Wooldridge，2002）。如埃萨姆（Islam，1995），米勒和阿佩赫（Miller & Upadhyay，2002）等都直接运用固定效应模型进行估计。因此，本书借鉴已有文献，亦直接使用固定效应模型来进行条件收敛检验。同时，如前文所述，由于面板的固定效应项已对应着不同经济体各自不同的稳态条件，所以，也就不需要再加入额外的控制变量，否则便会显得多余（Miller & Upadhyay，2002）。

表 3－7 具体报告了式（3－15）模型的估计结果。从表 3－7 看，在控制了截面固定效应和时间固定效应以后，所有估计系数都达到了 1% 的显著性水平，说明无论是在森理念下还是在庇古理念下，全样本国家、发达国家、发展中国家的福利水平都存在着收敛，这一点和表 3－6 的回归结果一致。与表 3－6 结果不同的是：从收敛速度看，森理念下的各类型国家的福利指数都

要明显慢于庇古理念的福利指数收敛速度，这说明各国在消除教育、医疗、社会保障等社会民生方面差距的速度是要慢于在人均消费方面差距缩小的速度。这可能是由于经济增长首先是要惠及与其相关性较强的人均消费水平，而教育、医疗、社会保障等这些方面，除了受到经济发展影响以外，还要受各国的制度、政治等方面的影响。所以，在教育、医疗、社会保障等这些方面福利发展的趋同速度就要慢于仅以人均消费所反映的福利发展趋同速度。

表 3－7　森理念和庇古理念的福利条件收敛检验（静态面板固定效应）

变量	森理念的福利收敛			庇古理念的福利收敛		
	发展	发达	全样本	发展	发达	全样本
β_W	－0.0949***	－0.1073***	－0.0957***	－0.1103***	－0.1180***	－0.1110***
标准误	0.0240	0.0261	0.0224	0.0194	0.0224	0.0172
R^2	0.0220	0.0173	0.0438	0.1889	0.1313	0.1714
F	15.61	16.92	18.19	32.31	27.82	41.56
是否收敛	是	是	是	是	是	是
λ	0.0997	0.1135	0.1006	0.1169	0.1256	0.1177

注：***、**、*分别表示在1%、5%、10%的显著性水平下显著。

第五节　本章小结

本章基于森的福利理念，运用动态因子法（DFA）对世界55个国家1998～2012年的社会福利指数进行测度，从而为判断中国和世界主要国家的社会福利转化状况提供一个直观认识，在此基础上，本书首次对基于森理念与庇古理念的福利指数收敛性进行了比较分析，以期从收敛性这一角度，进一步揭示两种理念下的福利指数所具有的不同特征。

首先，从中国与各国的福利指数水平和增长速度比较来看，基于森理念和庇古理念的中国福利指数都要低于发展中国家、世界55个主要国家平均水平，更要远远落后于发达国家的水平。但是森理念的中国社会福利指数与上述各类型国家的差距明显要小于基于庇古理念的中国福利指数与上述各类型国家的差距。同时，基于森理念的中国社会福利指数的平均增长速度要明显高于庇古理念的平均增长速度。这说明：与世界相比，中国在医疗、教育、社会保障等方面的福利发展状况都明显要好于其在庇古理念下仅以消费这一指标所代表的福利发展状况。从中国与世界各国福利的发展趋势来看，基于森理念的中国福利水平从2001年开始与发达国家、发展中国家、世界全样本国家的福利水平差距呈出不断缩小的趋势，中国的社会福利表现出“追赶”上述各类型国家的状况，呈现出的是一种进步状态。而基于庇古理念的中国福利水平与上述各类型国家福利总体差距却越来越大，呈现出得是一种落后状态。

其次，从基于森理念与庇古理念福利指数的收敛性比较来看，福利的σ收敛和绝对β收敛检验结果较为一致，即都表现出发展中国家庇古理念的福利收敛速度要明显快于发达国家的收敛速度，但发达国家森理念的福利收敛速度却要明显地快于发展中国家，这说明发达国家要相对于发展中国家来说，更注重于在教育、医疗、社会保障这些社会民生方面的发展，更加注重消除在这些方面与先进国家的差距，而广大发展中国家的社会发展思路似乎仍然是停留在庇古理念上，更加看重用消费或人均GDP所反映的福利状况，注重消除在消费或人均GDP上与发达国家的差距，而对在消除医疗、教育、社会保障这些方面的发展差距却相对轻视。

第四章

经济增长与福利转化的耦合性分析

经济增长与社会福利之间，彼此相互影响，相互制约。一方面，如果单纯地强调增长速度，而没有适度地将其转化为人民大众可以分享的社会福祉，最终将会形成不利于经济增长的社会环境和氛围，从而抑制经济发展。另一方面，如果过度追求和攀比福利享受，而不考虑自身经济发展水平下的实际承受能力，则会使经济发展背上沉重的包袱，最终会影响整个社会福利的改进。因此，社会福利和经济增长之间实际存在的是一种协同促进关系，这种关系又称之为耦合关系①（Valerie，2009；唐晓华等；2018）。通过对世界各国的耦合度水平进行分析，将有助于我们确定与经济增长相适应的社会福利水平，同时在政策上对于调整和优化二者之间的比例关系将具有非常重要的借鉴意义。因此，本章的主要目的就是对世界55个主要国家的耦合度值进行测度和分析，以期对各国经济增长与福利转化之间的协同促进关系进行揭示；同时，本章所测算的一些指标也将会为以后章节开展相应的经验分析提供数据支持。

① 耦合关系的这一概念最初来源于物理学，目前已被广泛用于社会科学领域的研究。

第一节 耦合度模型及世界主要国家耦合度水平测度

本章采用的经济增长与社会福利的耦合度测度模型，主要是借鉴于黄瑞芬和王佩（2011）所总结的方法[①]，具体如下所示：

$$D = \sqrt{C \times T} \tag{4-1}$$

$$T = \alpha w(x) + \beta y(x) \tag{4-2}$$

$$C = \left\{ \frac{w(x) \times y(x)}{\left[\frac{w(x) \times y(x)}{2} \right]^2} \right\}^k \tag{4-3}$$

在式（4-1）中，D 代表耦合度，C 代表经济增长与社会福利之间的结构协调程度，C 被称之为协调度。T 代表经济增长与社会福利的总体发展水平，T 被称之为发展度。在式（4-2）中，$w(x)$ 为前面所测算的社会福利指数，$y(x)$ 为经过正向标准化处理的人均 GDP，k 为调节系数，一般有 $2 \leqslant k \leqslant 5$，由于本书度量的耦合度是由经济增长和社会福利两个子系统构成，故 k 值取 2。α、β 分别代表经济增长和社会福利的贡献系数，因为本书认为经济增长与社会福利具有同等重要的地位，所以取 $\alpha = \beta = 0.5$。其中 C、D、$T \in [0, 1)$，C、D、T 值越接近于 1，说明它们越趋于最佳状态。

通过式（4-1）、式（4-2）和式（4-3）的描述，可以看出，耦合度

① 耦合度公式在大多数文献中，其基本形式都差不多，但是，在中文文献里，只有黄瑞芬和王佩对耦合度概念和公式机理做了细致的介绍和推理，所以本书采用黄瑞芬和王佩的耦合度公式形式。

（D）这一指标与传统单一的只考虑水平方面指标有所不同，它考虑了结构方面的因素，并将之融入水平指标之中，当经济和福利共同出现增长时，如果彼此增长幅度不同，就有可能出现经济和福利之间的结构不合理情况，从而会使协调度（C）下降，这将反作用于发展度（T），最终可能会导致经济增长与福利转化之间的耦合度（D）下降。由此可知，耦合度（D）考虑了结构因素对社会经济总体水平的影响，因此，耦合度指标（D）实质上是一种衡量社会经济和谐发展程度的指标，耦合度（D）值越高，则说明社会经济和谐发展的水平越高；反之则反是。根据上面式（4－1）、式（4－2）、式（4－3），我们对世界55个主要国家1998～2012年的耦合度（D）进行测算，具体测算结果如表4－1和图4－1所示。

表4－1　世界55个国家1998～2012主要年份耦合度值（社会经济和谐发展指数）

国家	耦合度值（社会经济和谐发展指数）									
	1998年	2000年	2001年	2003年	2005年	2008年	2009年	2010年	2011年	2012年
中国	0.025	0.033	0.038	0.052	0.059	0.066	0.104	0.117	0.124	0.131
阿根廷	0.180	0.168	0.164	0.169	0.179	0.201	0.209	0.216	0.224	0.232
埃及	0.024	0.028	0.029	0.030	0.033	0.036	0.046	0.048	0.049	0.05
爱尔兰	0.682	0.740	0.750	0.765	0.785	0.790	0.760	0.758	0.763	0.764
爱沙尼亚	0.199	0.219	0.233	0.267	0.304	0.335	0.297	0.304	0.329	0.340
奥地利	0.656	0.682	0.684	0.691	0.705	0.733	0.717	0.723	0.732	0.734
澳大利亚	0.657	0.668	0.677	0.693	0.705	0.714	0.715	0.718	0.726	0.729
巴基斯坦	0.005	0.005	0.005	0.007	0.011	0.018	0.019	0.021	0.022	0.024
巴西	0.206	0.205	0.205	0.209	0.210	0.223	0.222	0.235	0.238	0.238

续表

国家	耦合度值（社会经济和谐发展指数）									
	1998年	2000年	2001年	2003年	2005年	2008年	2009年	2010年	2011年	2012年
白俄罗斯	0.048	0.055	0.057	0.067	0.083	0.112	0.112	0.121	0.133	0.135
保加利亚	0.068	0.078	0.084	0.097	0.113	0.146	0.137	0.138	0.146	0.147
比利时	0.643	0.672	0.673	0.678	0.695	0.710	0.697	0.702	0.705	0.702
冰岛	0.771	0.791	0.799	0.805	0.845	0.850	0.830	0.819	0.824	0.827
玻利维亚	0.056	0.064	0.059	0.060	0.061	0.068	0.067	0.061	0.065	0.069
波兰	0.196	0.214	0.213	0.226	0.248	0.289	0.293	0.300	0.311	0.317
丹麦	0.759	0.778	0.780	0.780	0.795	0.801	0.779	0.782	0.783	0.780
德国	0.639	0.657	0.663	0.661	0.668	0.699	0.681	0.696	0.708	0.710
俄罗斯	0.096	0.114	0.120	0.136	0.158	0.195	0.181	0.189	0.197	0.202
法国	0.634	0.645	0.661	0.663	0.674	0.684	0.671	0.675	0.680	0.679
菲律宾	0.033	0.036	0.035	0.036	0.042	0.051	0.050	0.055	0.057	0.062
芬兰	0.628	0.661	0.670	0.683	0.707	0.739	0.705	0.715	0.723	0.717
哥伦比亚	0.189	0.185	0.184	0.188	0.189	0.204	0.200	0.191	0.203	0.207
哈萨克斯坦	0.065	0.079	0.091	0.102	0.118	0.139	0.135	0.143	0.152	0.159
韩国	0.355	0.400	0.410	0.434	0.457	0.487	0.485	0.503	0.512	0.516
荷兰	0.684	0.710	0.714	0.711	0.724	0.75	0.736	0.739	0.742	0.737
加拿大	0.642	0.668	0.670	0.678	0.689	0.694	0.683	0.689	0.693	0.694
捷克	0.280	0.292	0.300	0.316	0.345	0.385	0.370	0.377	0.384	0.381
卢森堡	0.864	0.888	0.888	0.885	0.894	0.891	0.879	0.884	0.884	0.874
马来西亚	0.183	0.199	0.198	0.209	0.226	0.248	0.240	0.250	0.256	0.263
美国	0.709	0.727	0.726	0.734	0.746	0.747	0.744	0.740	0.743	0.747
蒙古国	0.010	0.011	0.011	0.015	0.021	0.033	0.032	0.034	0.041	0.045

续表

国家	耦合度值（社会经济和谐发展指数）									
	1998 年	2000 年	2001 年	2003 年	2005 年	2008 年	2009 年	2010 年	2011 年	2012 年
秘鲁	0. 147	0. 143	0. 143	0. 164	0. 171	0. 177	0. 173	0. 182	0. 187	0. 194
墨西哥	0. 287	0. 303	0. 301	0. 294	0. 308	0. 318	0. 304	0. 312	0. 317	0. 322
南非	0. 225	0. 237	0. 237	0. 239	0. 250	0. 269	0. 264	0. 267	0. 271	0. 273
挪威	0. 863	0. 874	0. 879	0. 884	0. 896	0. 899	0. 892	0. 888	0. 884	0. 888
葡萄牙	0. 445	0. 467	0. 470	0. 467	0. 473	0. 480	0. 470	0. 475	0. 470	0. 460
日本	0. 666	0. 672	0. 673	0. 679	0. 692	0. 702	0. 681	0. 698	0. 697	0. 703
瑞典	0. 667	0. 700	0. 711	0. 719	0. 741	0. 755	0. 734	0. 752	0. 758	0. 757
瑞士	0. 793	0. 806	0. 805	0. 801	0. 812	0. 827	0. 819	0. 829	0. 829	0. 828
斯洛伐克	0. 208	0. 209	0. 217	0. 238	0. 265	0. 319	0. 307	0. 318	0. 329	0. 336
斯洛文尼亚	0. 377	0. 402	0. 410	0. 430	0. 456	0. 504	0. 475	0. 479	0. 482	0. 473
泰国	0. 097	0. 109	0. 105	0. 112	0. 119	0. 130	0. 125	0. 133	0. 130	0. 136
土耳其	0. 236	0. 235	0. 219	0. 235	0. 265	0. 277	0. 264	0. 279	0. 294	0. 295
委内瑞拉	0. 255	0. 243	0. 245	0. 222	0. 251	0. 248	0. 238	0. 234	0. 239	0. 243
乌克兰	0. 023	0. 026	0. 03	0. 038	0. 048	0. 061	0. 050	0. 053	0. 056	0. 056
西班牙	0. 531	0. 555	0. 565	0. 573	0. 584	0. 597	0. 582	0. 579	0. 578	0. 573
希腊	0. 443	0. 463	0. 473	0. 499	0. 511	0. 534	0. 520	0. 503	0. 479	0. 460
新西兰	0. 536	0. 559	0. 569	0. 587	0. 603	0. 605	0. 605	0. 602	0. 607	0. 615
匈牙利	0. 239	0. 259	0. 267	0. 285	0. 309	0. 326	0. 309	0. 314	0. 322	0. 321
以色列	0. 477	0. 497	0. 491	0. 484	0. 507	0. 542	0. 540	0. 552	0. 561	0. 565
意大利	0. 611	0. 629	0. 635	0. 634	0. 638	0. 640	0. 619	0. 624	0. 624	0. 615

续表

国家	耦合度值（社会经济和谐发展指数）									
	1998 年	2000 年	2001 年	2003 年	2005 年	2008 年	2009 年	2010 年	2011 年	2012 年
印度	0.003	0.004	0.005	0.009	0.018	0.029	0.033	0.035	0.036	0.035
印度尼西亚	0.031	0.033	0.035	0.039	0.046	0.055	0.058	0.061	0.067	0.074
英国	0.653	0.674	0.679	0.697	0.713	0.725	0.703	0.705	0.704	0.700
智利	0.255	0.257	0.262	0.269	0.286	0.310	0.307	0.316	0.325	0.335
全样本均值	0.368	0.382	0.386	0.394	0.408	0.426	0.416	0.421	0.425	0.427

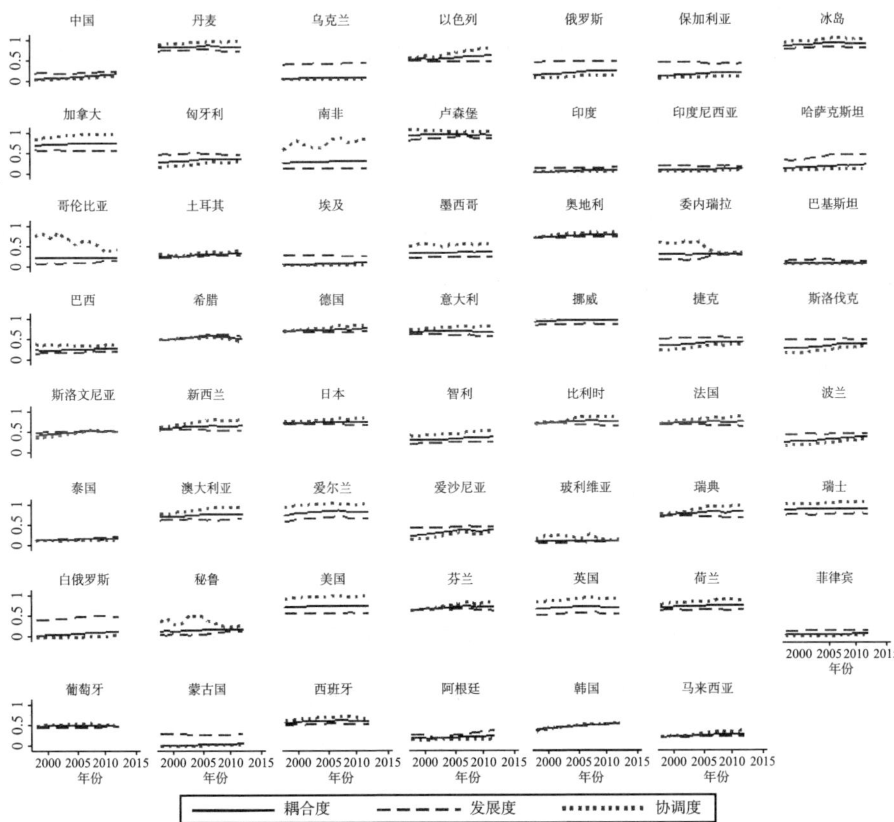

图 4-1 世界 55 个主要国家耦合度、发展度和协调度趋势线

图4－1为世界55个主要国家的耦合度、发展度和协调度[①]趋势线，从图4－1可以直观地看出，大多数发达国家在耦合度（D）、发展度（T）和协调度（C）方面的特征与以中国为代表的发展中国家明显不同，两者的主要区别在于：大多数发达国家，特别是以美国为首的顶尖发达国家，如“七国集团”，还有像新西兰、瑞士、瑞典、澳大利亚、以色列等这些发达国家，它们的发展度（T），即经济增长与社会福利的总体发展水平本来已经达到一个很高的水准，但是它们协调度（C）又明显高于发展度（T），从而进一步提升了这些国家的经济增长与社会福利的综合发展水平，使得整个社会经济和谐发展程度也即耦合度（D）达到更高水平。而像以中国、印度、俄罗斯为代表的很多发展中国家，其经济增长与社会福利之间的协调度（C）却是小于发展度的，这意味着：对于大多数发展中国家来说，其经济增长与社会福利的总体发展水平本来就已经很低，而协调度（C）又小于发展度（T）的状态，这会进一步拉低发展度水平，从而使发展中国家的整个社会经济和谐发展程度也即耦合度（D）处在一个更低的水平上。

第二节　中国与各类型国家耦合度、发展度、协调度比较分析

根据表4－1的耦合度（D）测算结果，本书首先对中国及各类型国家耦合度水平（D）的增长趋势进行简单揭示，具体如图4－2所示。

① 所有国家在样本期间的发展度、协调度值具体见附录A和附录B。

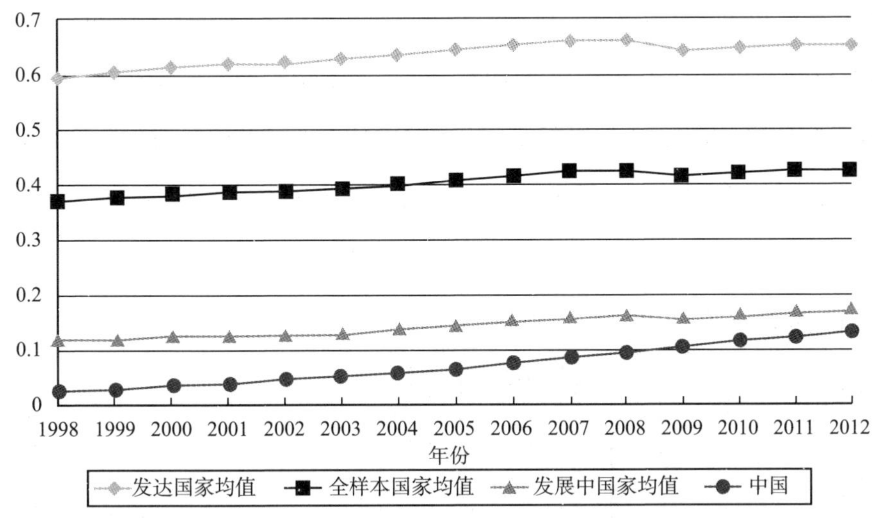

图 4-2 经济增长与福利转化的耦合度（*D*）水平变化趋势线

从图 4-2 可知，在 1998～2012 年间，发达国家、发展中国家、全样本世界 55 个国家，以及中国的耦合度（*D*）平均水平总体呈上升趋势，这表明样本期间内，上述各类型国家的社会经济和谐发展水平总体是在不断提高的。中国的耦合度水平（*D*）虽然最低，但上升速度最快，其值从 1998 年的 0.025 上升到 2012 年的 0.131。

中国当前的耦合度水平（*D*）处于较低状态，既有来自发展度（*T*）方面原因，又有来自协调度（*T*）方面原因。首先，从式（4-2）的发展度模型看，由于中国目前人均 GDP 水平“$y(x)$”较低，所以由经济增长转化而来的社会福利水平“$w(x)$”也自然会表现出相对较低的状态，上述两种因素相互叠加，很大程度上会诱使中国的社会经济和谐发展程度整体呈现出较低的水平。从图 4-3 中可以看到，中国发展度（*T*）在样本期间平均水平为 0.168，明显低于发展中国家 0.234 的平均水平，还不及世界平均水平一半多，更要远远低于发达国家 0.579 的平均水平。为了能直观反映出中国发展度（*T*）

（经济增长和社会福利总体发展水平）与一些典型国家的相对状况，本书还在图4－3中分别列示出了“七国集团”与“金砖五国”的发展度水平（T），从图4－3中可以看到，除俄罗斯外，中国代表的“金砖五国”与作为发达国家代表的“七国集团”在发展度（T）方面存在着非常显著的落后差距。

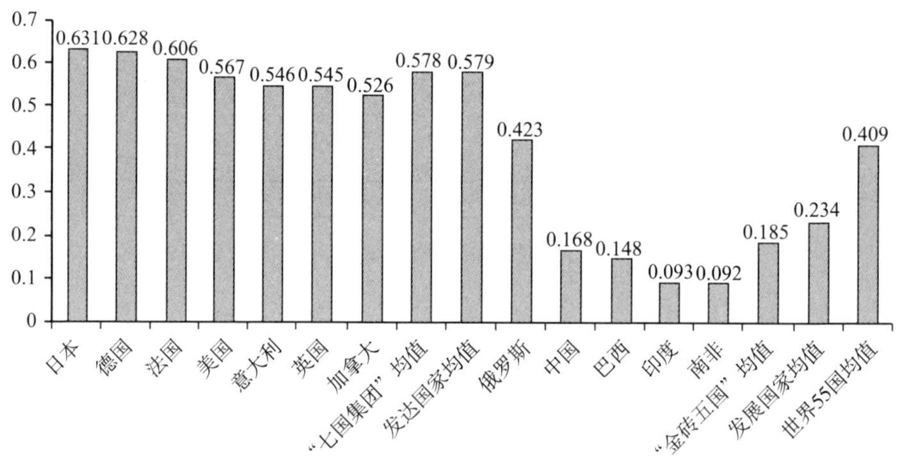

图4－3　经济增长与社会福利的发展度（T）

进一步，从协调度来看，中国与各类型国家在协调度（C）方面的差距要比其在发展度（T）方面的差距还要悬殊，这是造成中国当前耦合度（D）水平处于较低状态的更为深层次原因。具体从图4－4来看，中国的协调度（C）均值为0.036，其与发展中国家的比值是1∶4.92，与世界55国的比值是1∶12.78，与发达国家的比值是1∶20.33。而从图4－3来看，在发展度（T）方面，中国与发展中国家的比值是1∶1.39，与世界55国的比值是1∶2.43，与发达国家的比值是1∶3.45。通过上述两组数据对比，可以清楚地看到：中国协调度（C）的失调问题要比其在发展度（T）方面严重得多。这一点仅从中国与“金砖五国”间的协调度（C）、发展度（T）的比较，就可以更为直观地看出。从图 4－3 可以看到，如果就发展度（T）而言，中国在“金砖五国”中排名第二，仅次于俄罗斯，而如果从图 4－4 中的协调度（C）看，中国的排名反差却很大，协调度水平（C）位列倒数第二，仅高于印度。下面本书将通过所设计的经济增长“压力指数”来更加直观地揭示出以中国为代表的广大发展中国家在经济增长与福利转化之间的协调度（C）所存在的问题。

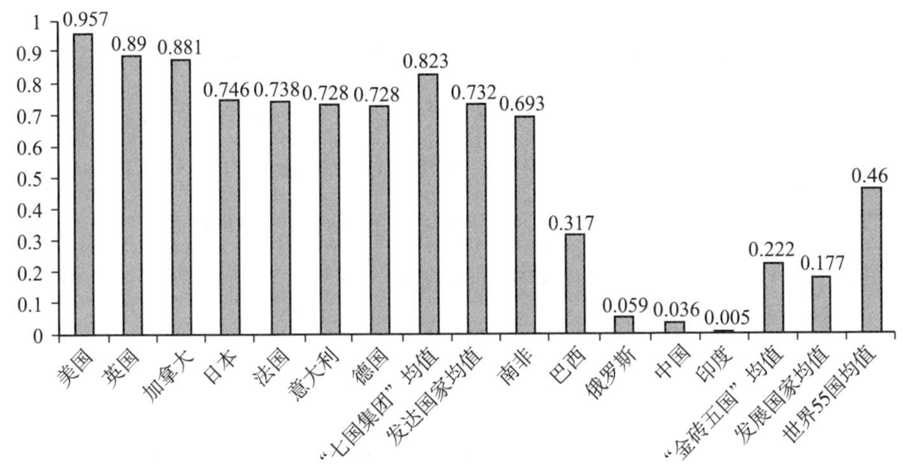

图 4－4　经济增长与社会福利的协调度（C）

具体而言，本书所设计的经济增长“压力指数”是指社会福利指数与人均 GDP 标准化的比值，即：压力指数＝社会福利指数÷人均 GDP 标准化值，它用来衡量一国的经济水平在维持社会福利方面所承受压力的大小①。当其值越大时，说明经济增长所承受的压力越大，而当其值越小时，说明经济增长所承受的压力越小。同时，经济增长压力指数与协调度状况也彼此相互对

① 压力指数实际上也反映了“人民群众日益增长的物质文化需求与落后生产力之间的矛盾”大小，社会福利指数实际上反映出了人民群众对在医疗、教育、社会保障等物质文化方面的日益增长需求，人均 GDP 实际上反映出了一国生产力发展水平，当压力指数越大时，人民群众日益增长的物质文化需求与落后生产力之间的矛盾越大，反之则越小。所有国家在样本期间的压力指数具体见附录 C。

应，其以 1 为标尺，当其值越接近 1 时，说明经济增长和社会福利彼此之间的结构越协调。反之，越偏离 1 时，则结构越不协调。从图 4－5 看到，样本中世界 55 个主要国家的经济增长压力指数均值为 2. 72，其中发达国家的均值为 1. 95，发展中国家经济增长压力指数为 9. 88，其承受的压力是发达国家 5 倍之多。具体到发展中国家的“金砖五国”和发达国家的“七国集团”的比较，两者的差距之大更是令人惊叹。“金砖五国”在经济增长过程中平均所承受的压力是“七国集团”的近 20 倍，其中又以印度最为突出，其压力指数高达 143. 25，中国的经济增长压力指数为 27. 5，也是非常之高。而发达国家中人均 GDP 最高的前两位国家：美国的压力指数仅为 1. 34，日本的压力指数是 2. 17。从以上经济增长“压力指数”分析看，发展中国家经济增长和社会福利之间存在着结构极为不协调的问题，这主要表现为：发展中国家与发达国家相比，在经济增长过程所背负的社会福利压力十分巨大，即人均经济水平过低，其对社会福利的支撑力不够。因此，从图 4－5 看，发展中国家实际上面临的主要问题不仅是经济水平在绝对意义上要比发达国家低很多，

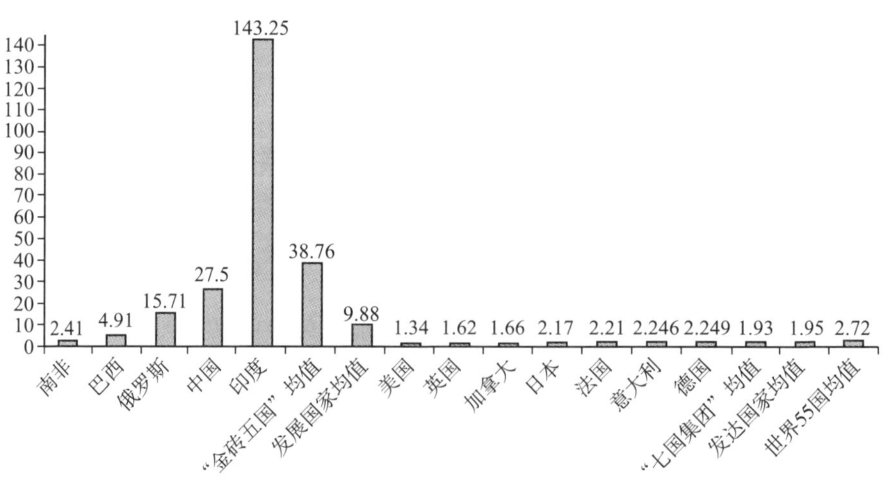

图 4－5　经济增长的压力指数［福利/GDP（标准化值）］

更为凸显的是结构性问题，即从相对意义上来讲，发展中国家经济水平相对于满足自身社会的福利需求来说也是非常的不足。

综上所述，以中国为代表的发展中国家，其经济增长与社会福利总体发展水平比较低，同时，经济增长与社会福利之间的结构不合理又存在着更为严重的问题，这两方面相互缠绕使得发展中国家的社会经济和谐发展程度即耦合度水平（D）一般都处于比较低的状态上。对于发展中国家来说，当经济发展到一定阶段后，特别是接近中等收入水平后，其很容易产生错觉，觉得本国经济已经达到较为富裕的阶段，能够攀比得起发达国家的高福利政策，从而在某种程度上可能会采取像拉美国家阿根廷那样的“民粹主义”福利赶超政策，以缓解本国某些社会阶层之间的矛盾，实现社会经济和谐发展。然而，从上文的协调度（C）和压力指数分析可知，大多数发展中国家社会经济不和谐，经济增长与社会福利结构不合理，并非像普通民众所以为的那样，是由本国社会福利相对于经济增长转化不足所造成，而恰恰相反，是因为发展中国家经济增长水平依然很低，以致仍然远远不足以支撑本国必要的社会福利所引起。因此，本书认为发展中国家要想实现发达国家人均 GDP 在几万美元以上的福利水平，达到发达国家较高的社会和谐发展程度，从现实看，仍然有很长一段路要走，而绝不是当经济水平达到三四千美元，甚至像阿根廷、俄罗斯人均 GDP 都已达到一万美元就可以实现的。当前以及未来很长一段时间，发展中国家仍有必要保持“清醒的头脑”，继续坚持以经济建设为中心，通过加快经济增长速度，来带动整个社会经济发展度（T）的提升，从而达到经济增长与社会福利之间的结构改善，即协调度（C）的提高，最终实现整个社会经济的耦合度水平（D）提高。如果一些发展中国家不考虑自身经济发展所处于较低水平的现实，而一味地关注、追求那些发达国家在高经济水平状态下才具有的高社会福利，这必然会最终加重本国经济发展所承受的压力和负担，加剧经济增长和社会福利的结构失调，从而使本国陷入“福利陷阱”，最终使其经济发展举步维艰。

第三节　本章小结

本章引入了物理学中的耦合概念，并对其含义在经济学上做了进一步引申：将其定义为反映社会经济和谐发展水平的一个指标。在此基础上，分别测度了世界 55 个主要国家的发展度（T）、协调度（C）和耦合度（D），本章的目的在于对世界主要国家经济增长与福利转化之间的协同促进关系进行揭示，并为以后章节开展相应的经验分析提供数据支持。

从本章的耦合性分析看，以中国为代表的广大发展中国家的耦合度（D）要明显地低于发达国家。这表明发展中国家整体的社会经济和谐发展水平要低于发达国家，这种情况不仅是由于发展中国家经济水平低，进而导致社会福利转化水平低的缘故，更主要是因为发展中国家的经济增长与社会福利之间的协调度（C）也要比发达国家水平更为低。根据本章设计的经济增长“压力指数”，发展中国家这种低协调度主要表现为发展中国家每一单位经济增长水平都要比发达国家承受更大地来自社会福利方面的压力，因此，即便是按照新古典增长理论，发展中国家由于资本稀缺，其资本边际产出可能会高于发达国家，从而有可能致使发展中国家的经济增长快于发达国家，另外，由于发展中国家在经济增长过程中实际所需承担的社会福利压力也相对于发达国家非常大（这有点类似于储蓄率过低），当两者力量较量后，发展中国家经济增长仍然有可能会举步维艰，处于低水平状态上，从而与此对应的社会福利水平、协调度（C），以及耦合度（D）可能会长时期地“锁定”在一个低水平上。

第五章

经济增长的福利转化效率分析

第一节 基于 SFA 的福利转化效率模型变量选取及估计

戴利（H. E. Daly）虽然在其经济增长绩效理论中首先提出了的“福利转化效率”的概念，但是从后续的文献看，戴利及其相关研究者，并没开展对福利转化效率的实际测算工作，基于此，本章准备践行戴利的思想，对世界 55 个主要国家的福利转化效率进行测算。戴利所提出的福利转化效率表达式为 WB/EG，即福利转化效率等于福利水平（WB）与经济增长水平（EG）之比。从这一表达式看，戴利主要是把 GDP 看成福利转化的唯一投入要素。然而，从现实角度看，一国的社会福利水平除了与 GDP 有关以外，还很大程度上取决于该国对社会福利的重视程度，以及根据其重视程度所制定的相关民生政策。对此，戴利关于福利转化效率只涉及 GDP 作为唯一投入要素的思想可能就会显得过于简化，只是具有表征意义。

鉴于此，有必要对戴利的福利转化效率思想做进一步扩展，本书认为一国福利转化水平的高低，还要取决于该国将经济增长转化为社会福利的主观“努力程度”，本书将其称之为“社会努力度”。如果一国越重视民生福利，那么政府、企业以及其他组织机构在主观上就会投入更多的努力来制定有利于民生的政策，从而就会比其他相同经济水平下的国家，获得更高的福利转化效应。对于“社会努力度”这一指标，本书采用一国可支配收入占GDP比与政府社会性支出占GDP比两者之和来加以量化。其中可支配收入占GDP比来源于联合国统计数据库（UNdata），社会性支出占GDP比来源于国际劳工组织（ILO）的Gess数据库。

此外，一国的福利转化状况，还应与整个社会的清廉程度密切相关。即便一个国家经济发展水平很高，各项福利政策也较为完善，但是如果社会弥漫着严重腐败行为，各种公权私用行为得不到遏制，那么全社会用来提高福利水平的努力和投入，都会因腐败而付之东流，人民也会因生活在一个不清廉的环境下而不会感到幸福，整个社会的福利转化也会因此大打折扣。所以，清廉的投入，对福利转化会有重要影响。本书选用透明国际组织公布的腐败感知指数来对清廉这一指标加以量化。上述主要变量的描述性统计结果，如表5-1所示。

表5-1　主要变量的描述性统计特征

变量	符号	最大值	最小值	均值	标准差
社会福利指数	*W*	100	3.084	56.765	26.122
人均GDP*	*G*	87587.72	529.098	19795.59	18856.621
社会努力度	*E*	124.090	46.082	81.494	11.291
清廉度	*INC*	100	15	55.176	14.291

注：*人均GDP是按照2005年不变价美元计算，数据来自WDI数据库。

对于福利转化效率的测度，本书主要借助于“前沿分析法”。目前使用最为广泛的“前沿分析法”是以DEA（数据包络分析）为代表的非参数法和以随机前沿分析（SFA）为代表的参数法。对面板数据而言，DEA是根据每个周期各自构造了一个确定性前沿，而不考虑统计噪声和随机因素的影响，因此对奇异值表现出相当的敏感；而SFA是根据所有周期的数据仅构造出一个统一的随机生产前沿，并且利用JLMS技术将残差项进一步分解为随机因素和技术无效率项来考察对效率的影响。因此，相对于DEA，SFA法测算结果会更加稳定，也更接近于实际情况。基于此，本书选用巴提萨和科埃利（Battese & Coelli，1995）所提出的SFA模型对福利转化效率进行测度。为了降低函数形式误设的风险，本书采用更加灵活的超越对数函数作为福利转化效率测度的基本模型，具体表示如下：

$$\ln w_{it} = \beta_0 + \sum_{n=1}^{N}\beta_n \ln x_{it} + \frac{1}{2}\sum_{n=1}^{N}\sum_{j=1}^{N}\beta_{nj}\ln x_{nit}\ln x_{jit} + \sum_{n=1}^{N}\beta_{tn}T\ln x_{nit}$$

$$+ \beta_t t + \frac{1}{2}\beta_{tt}t^2 + v_{it} - u_{it}$$

$$i = 1,\ 2,\ \cdots,\ N;\ t = 1,\ 2,\ \cdots,\ T$$

$$v_{it} \sim iidN(0,\ \sigma_v^2);\ u_{it} \sim iidN^+(m_{it},\ \sigma_u^2),\ m_{it} = \delta_0 + \sum_{h=1}^{H}\delta_h z_{hit} \quad (5-1)$$

在式（5－1）中，w_{it}表示第i个决策单元（DUM）在第t年的福利水平，x_{nit}表示第n个投入变量，在本书中其分别代表经济增长水平G，福利转化的主观努力度E和社会清廉水平INC三种投入，t表示福利制度变迁的时间趋势；β表示待估计的未知参数向量；v_{it}为随机误差项，假定其服从独立同分且是$N(0,\ \sigma_v^2)$的正态分布，同时假定其与u_{it}相互独立；u_{it}是表示福利转化无效效应，其服从均值为m_{it}，方差为σ_u^2的截断正态非负随机变量；z_{hit}为影响福利转化无效效应的外生解释变量，H为外生解释变量的个数，其中选取代表国别的虚拟变量 Z_1（当为发达国家时 $Z_1=1$，发展中国家时 $Z_1=0$）和代表时间趋势的 Z_2 为外生解释变量。δ 为非效率方程中的系数待估计值，若 δ 值为负，则说明该影响因素能降低非效率项，即对福利转化效率存在正向影响，反之则存在反向影响。

在得到式（5－1）所估计的参数后，通过下面式（5－2）可得到福利转化效率（WEI_{it}）的估计值：

$$WEI_{it}=\frac{E[w_{it}\mid u_{it},\ x_{it}]}{E[w_{it}\mid u_{it}=0,\ x_{it}]}=\exp(-u_{it}),\ 0\leqslant\exp(-u_{it})\leqslant 1 \quad (5-2)$$

为了考察不同社会制度环境对福利转化效率所造成的影响，本书以式（5－1）为基础，进一步将其扩展为四个不同制度环境下的效率测算模型，以供相互对比。具体而言，模型 1 假设一国的社会存在廉政投入，同时社会福利制度随着时间会发生变迁，这种制度变迁不仅引起了社会福利水平的提高，而且还导致了边际技术替代率的变化，式（5－1）与模型 1 所述的情况相互对应。模型 2 仍然假设一国的社会福利制度会发生变迁，但是假设社会不存在廉政投入。而模型 3 假设整个研究期间内各国的福利制度都暂不发生变化，但每个国家都会存在廉政投入。模型 4 则假设各国即不存在社会福利制度的变迁，也不存在廉政建设。

本书采用 Frontier4. 1c 软件对上述四种模型进行极大似然回归估计，结果如表 5－2 所示。从表 5－2 看，模型 1～4 的变差率 γ 都是保持在 0. 999 以上，十分接近 1，并且都在 1% 的水平下显著。这说明无效率项 u_{it} 对福利转化效率的影响远大于随机误差项 v_{it}，而且在变差率 $\gamma=0$ 的假设下，模型 1～4 的单边偏误似然比 LR 值都远远大于显著性水平为 1% 的混合卡方分布（mixedχ^2）临界值 17. 612（Kodde & Palm，1986），这表明 γ 的零假设被拒绝，无论是考虑还是不考虑制度变迁和清廉投入情况，各国在经济增长过程中，都普遍存在着的福利转化无效率现象。以上诊断结果说明，使用超越对数函数的随机前沿分析方法来测度福利转化效率是可靠的，具有其合理性。

表 5-2　　　　福利转化的随机前沿模型（SFA）估计结果

解释变量		模型 1（有制度和清廉）		模型 2（有制度、无清廉）		模型 3（无制度、有清廉）		模型 4（无制度和清廉）	
		系数估计	t 检验	系数估计	t 检验	系数估计	t 检验	系数估计	t 检验
前沿生产函数	常数一	-8.661**	-2.219	-8.986***	-2.734	-5.666	-1.518	-2.329	-0.628
	$\ln G$	-0.856	-1.575	-1.520***	-6.235	0.083	0.150	-0.978***	-3.221
	$\ln E$	9.233***	5.764	8.979***	6.526	7.715***	4.731	5.061***	3.098
	$\ln INC$	-2.081**	-2.174	—	—	-3.926***	-3.640	—	—
	$0.5(\ln G)^2$	0.043	1.493	0.080***	5.823	0.052*	1.858	0.034**	2.011
	$0.5(\ln E)^2$	-2.447***	-6.568	-2.413***	-7.603	-2.085***	-5.238	-1.464***	-3.772
	$0.5(\ln INC)^2$	0.095	0.501	—	—	0.545***	2.858	—	—
	$\ln G \times \ln E$	0.068	0.689	0.194***	4.781	-0.051	-0.471	0.155***	3.778
	$\ln G \times \ln INC$	0.047	0.681	—	—	-0.072	-1.018	—	—
	$\ln E \times \ln INC$	0.302	1.437	—	—	0.536**	2.173	—	—
	T	0.1365***	4.393	0.154***	4.701	—	—	—	—
	$0.5T^2$	-0.0003	-0.63	0.0001	0.196	—	—	—	—
	$T \times \ln INC$	-0.025***	-4.585	—	—	—	—	—	—
	$T \times \ln G$	0.005**	2.156	-0.009***	-7.735	—	—	—	—
	$T \times \ln E$	-0.020***	-2.836	-0.014*	-1.889	—	—	—	—
技术无效函数	常数二	-0.460	-1.496	-1.086	-1.368	-0.985	-1.202	-0.809	-1.033
	Z_1	-11.413***	-6.511	-12.570***	-3.864	-11.955***	-3.573	-11.511***	-3.562
	Z_2	-0.0753***	-3.918	-0.012	-0.326	-0.055	-1.425	-0.058	-1.536

续表

解释变量		模型 1（有制度和清廉）		模型 2（有制度、无清廉）		模型 3（无制度、有清廉）		模型 4（无制度和清廉）	
		系数估计	t 检验	系数估计	t 检验	系数估计	t 检验	系数估计	t 检验
残差与诊断信息	σ^2	2.504***	6.038	2.835***	3.692	2.805***	3.413	2.708***	3.354
	γ	0.9996***	6951.85	0.9996***	6538.31	0.9994***	4868.67	0.9990***	2752.06
	对数似然值	-150.514		-187.375		-181.329		-217.222	
	单边偏误似然比（LR）	830.505		776.110		775.808		718.450	

注：***、**、*分别表示在1%、5%、10%的显著性水平下显著。

从表5-2的技术无效函数估计结果来看：国别虚拟变量（Z_1）的系数估计值在四个模型中都显著为负，这说明发达国家的福利转化效率要明显高于发展中国家。而代表时间趋势变量（Z_2）的系数虽然都为负，但除了在模型1中非常显著以外，在其他3个模型中都不显著，这说明福利转化效率只有在一个清廉的环境下，并且政府制定的福利政策是越来越有利于福利水平提高的，其才会随时间有所改善，而其他任何情况，如没有一个清廉的环境，或者福利制度长期保持不变，则福利转化效率都不会表现出随着时间变化、社会其他方面得到改进而自发进行改善的趋势。

第二节　世界主要国家清廉投入对福利转化效率影响的比较分析

在表5-3中，本书列示出了根据式（5-1）和式（5-2）计算出来的全样本 55 个国家在四种不同制度环境下的 1998 ~2012 年社会福利转化效率均值①。

表 5 –3　　世界 55 个主要国家福利转化效率均值（1998 ~2012 年）

国家	福利转化效率				排名
	模型 1	模型 2	模型 3	模型 4	
中国	0. 374	0. 325	0. 396	0. 356	43
奥地利	0. 972	0. 972	0. 966	0. 960	1
白俄罗斯	0. 962	0. 967	0. 963	0. 961	2
芬兰	0. 973	0. 966	0. 945	0. 950	3
日本	0. 966	0. 957	0. 952	0. 944	4
捷克	0. 959	0. 954	0. 950	0. 937	5
挪威	0. 945	0. 947	0. 954	0. 953	6
德国	0. 951	0. 951	0. 938	0. 937	7
冰岛	0. 933	0. 937	0. 934	0. 939	8
丹麦	0. 936	0. 934	0. 927	0. 936	9
比利时	0. 936	0. 931	0. 925	0. 921	10
荷兰	0. 928	0. 920	0. 923	0. 920	11
法国	0. 929	0. 926	0. 920	0. 910	12
瑞典	0. 919	0. 913	0. 900	0. 910	13
希腊	0. 902	0. 918	0. 900	0. 905	14
匈牙利	0. 915	0. 888	0. 910	0. 879	15
爱沙尼亚	0. 936	0. 861	0. 921	0. 842	16
韩国	0. 895	0. 894	0. 873	0. 865	17
斯洛伐克	0. 884	0. 875	0. 878	0. 866	18
斯洛文尼亚	0. 889	0. 871	0. 979	0. 863	19
俄罗斯	0. 852	0. 919	0. 809	0. 917	20

① 所有国家在样本期间内模型 1 ~4 的福利转化效率值具体见附录 D ~G。

续表

国家	福利转化效率				排名
	模型 1	模型 2	模型 3	模型 4	
卢森堡	0. 863	0. 880	0. 870	0. 879	21
爱尔兰	0. 880	0. 878	0. 873	0. 860	22
澳大利亚	0. 860	0. 854	0. 850	0. 860	23
瑞士	0. 839	0. 843	0. 847	0. 866	24
意大利	0. 831	0. 842	0. 836	0. 842	25
乌克兰	0. 825	0. 819	0. 828	0. 870	26
新西兰	0. 855	0. 827	0. 823	0. 825	27
保加利亚	0. 847	0. 794	0. 862	0. 819	28
西班牙	0. 826	0. 819	0. 824	0. 817	29
葡萄牙	0. 806	0. 791	0. 793	0. 783	30
波兰	0. 805	0. 787	0. 793	0. 780	31
哈萨克斯坦	0. 739	0. 777	0. 728	0. 782	32
英国	0. 733	0. 735	0. 731	0. 742	33
以色列	0. 738	0. 730	0. 740	0. 728	34
加拿大	0. 735	0. 728	0. 726	0. 734	35
美国	0. 693	0. 686	0. 701	0. 702	36
阿根廷	0. 586	0. 600	0. 574	0. 583	37
蒙古国	0. 567	0. 472	0. 617	0. 550	38
埃及	0. 555	0. 516	0. 556	0. 561	39
土耳其	0. 455	0. 442	0. 447	0. 441	40
马来西亚	0. 423	0. 381	0. 428	0. 380	41
智利	0. 423	0. 374	0. 401	0. 376	42
墨西哥	0. 343	0. 349	0. 339	0. 351	44
泰国	0. 305	0. 279	0. 310	0. 299	45
巴西	0. 294	0. 283	0. 294	0. 288	46
印度尼西亚	0. 286	0. 265	0. 302	0. 294	47

续表

国家	福利转化效率				排名
	模型 1	模型 2	模型 3	模型 4	
委内瑞拉	0.254	0.290	0.239	0.297	48
菲律宾	0.245	0.225	0.260	0.258	49
印度	0.205	0.173	0.210	0.208	50
秘鲁	0.163	0.151	0.167	0.161	51
巴基斯坦	0.155	0.141	0.168	0.172	52
南非	0.160	0.148	0.162	0.150	53
哥伦比亚	0.127	0.119	0.128	0.126	54
玻利维亚	0.058	0.050	0.062	0.061	55
全样本均值	0.681	0.671	0.677	0.675	—

注：排名是指对模型 1 ~4 效率均值的算术平均值进行排序。

通过对表 5 -3 简单地浏览，可以较为直观地发现：发展中国家的福利转化效率要普遍低于发达国家的福利转化效率。其中，在模型 1 ~4 中，中国的福利转化效率均值，在全样本 55 个国家中的排名为第 43 位。总体来看，中国的社会福利转化效率水平在世界上仍然处于较为落后的状态。

下面，本书将运用“反事实”的分析手法①（林伯强，2013），继续对表 5 -3 中四类模型的福利转化效率均值做进一步比较分析。从分析结果中，本书发现了一个较为有趣的现象，即清廉投入对福利转化效率的影响在不同类

① “反事实”方法主要是分析实际存在的情况与一种假设的趋势差别，最先由福格尔（Fogel，1962）应用于 19 世纪铁路对美国经济的影响研究。在本书中，各国实际都会进行反腐倡廉，所以有清廉投入是一种真实情况，而无清廉投入只是一种假设情况，称之为“反事实”情况，用有清廉投入的福利转化效率减去无清廉投入下的福利转化效率，所得结果可以衡量清廉投入对福利转化效率的作用影响。

型国家会具有截然不同的效果。对此，本书以模型 3 和模型 4① 为基准，选择具有代表性的两个国家类别即“金砖五国”和“七国集团”为例来做具体说明。如图 5－1 所示，其反映的是不考虑制度变迁背景下，在有清廉投入和无清廉投入情况下“金砖五国”和“七国集团”在 1998～2012 年社会福利转化效率的均值状况。从图 5－1 可见，清廉投入对社会福利转化效率的影响可以表现出以下三种情况。

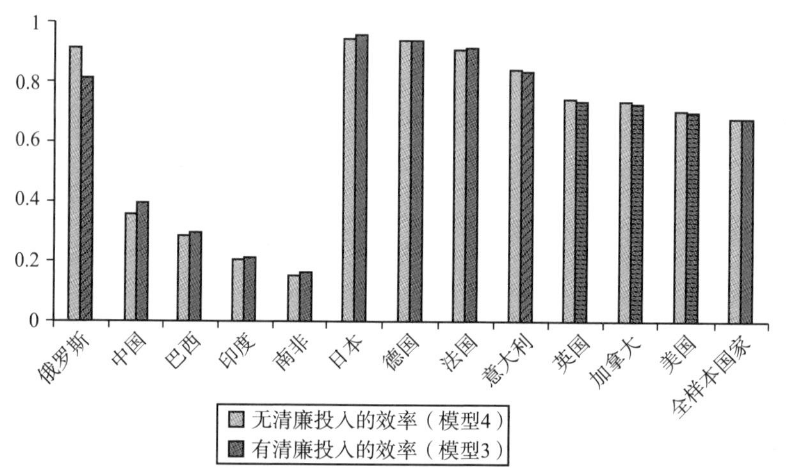

图 5－1　无制度变迁背景下有清廉投入和无清廉投入典型国家福利转化效率均值

第一种情况与人们普遍直觉相符，即廉政建设的投入提高了经济增长的福利转化效率，这种情况可以进一步表述为福利产出对清廉投入的弹性大于 1。从图 5－1 看，出现这种情况的代表国家有中国、巴西、印度、南非、日本、德国和法国。值得一提的是：中国的廉政建设对福利转化效率的提升作

① 因为模型 3、模型 4 所假设的福利制度暂无变迁的情况，比模型 1、模型 2 要更为贴近现实，后文会在第六章第四节对此做出专门地讨论。

用十分突出，在无清廉投入情况下，福利转化平均效率是0.356，而通过清廉投入，其福利转化的平均效率增加到了0.396，增幅为0.04。这一增幅水平不仅要高于上述几个国家，而且比世界平均水平0.002也要明显高出许多。这说明：中国在反腐廉政建设方面有必要进一步加大投入力度，这对于改善民生福祉具有重要的积极意义。

第二种情况是廉政建设的投入反而降低了一些国家的福利转化效率，这与人们的直觉有些不符。从图5-1看，这种情况的国家有：俄罗斯、意大利、加拿大、英国、美国。根据形成的原因不同，上述国家又可具体分为两类：一种是以英国、美国为代表的社会较为清廉的国家①。对于这些国家来说，其清廉水平和福利转化效率都已处在一个比较高的水平上，在此基础上，进一步增加廉政投入，虽然可能会使社会福利水平得到增加，但增量会很小，甚至要比廉政投入水平还要小。所以最后表现为：清廉投入所导致的福利转化效率是轻微下降的。由此，我们推断这类国家的福利产出对清廉投入的弹性是大于0小于1的。另一种是以俄罗斯、意大利为代表的腐败较为严重的国家②，特别是对于俄罗斯来说，由于廉政投入，其福利转化效率从0.917大幅度下降到0.809，下降幅度是世界最高的，我们认为对于俄罗斯这类国家的情况，可能如一部分学者（陆南泉，2011；赵传君，2012）所说，主要是由于其社会的腐败是一种机制性腐败所致③，即腐败渗透到社会体制的方

① 一国清廉程度依据清廉指数来判定。清廉指数采用百分制，100分表示最廉洁；0分表示最腐败；80~100之间表示比较廉洁；50~80之间为轻微腐败；25~50之间腐败比较严重；0~25之间则为极端腐败。英国在1998~2012年的清廉指数均值为82.73属于较清廉国家，美国的清廉指数均值为74.33，只有轻微腐败，也算清廉国家。

② 俄罗斯、意大利在1998~2012年的清廉指数均值分别为24.13和47.27，属于腐败十分严重的国家。

③ 2008年5月19日，俄罗斯总统梅德韦杰夫在反腐败会议上指出，在当今俄罗斯，“腐败已变成一个制度性问题，我们应该用制度性的对策来应对”。

方面面，即便是在有关民生福祉建设的方面，也存在着大量腐败行为，一旦政府实行反腐廉政措施，从承建民生福祉项目中所得到各种“好处”就会消失掉，相关的利益者就不会有更多的积极性去推进民生福祉建设，所以，最终廉政投入反而导致了福利转化效率的大幅下降。对于俄罗斯、意大利这类国家，我们推断其福利产出对清廉投入的弹性可能为负，即小于0。最后，基于以上所述，我们将世界55个主要国家福利产出对清廉投入弹性的三种情况具体列示在表5－4中，以供详细对比。

表5－4　世界55个主要国家福利产出对清廉投入弹性的三种情况

类别	清廉弹性	数量	国家	福利转化效率类型
廉政建设提高了福利转化效率水平	$\eta>1$	33	中国、巴西、印度、南非、日本、德国、法国、奥地利、比利时、智利、捷克、爱沙尼亚、匈牙利、爱尔兰、以色列、韩国、荷兰、挪威、波兰、葡萄牙、斯洛伐克、斯洛文尼亚、西班牙、土耳其、保加利亚、玻利维亚、哥伦比亚、印度尼西亚、马来西亚、蒙古国、秘鲁、菲律宾、泰国	正常
廉政建设降低了福利转化效率水平	$0<\eta<1$	11	英国、美国、瑞典、瑞士、澳大利亚、加拿大、丹麦、芬兰、冰岛、卢森堡、新西兰	异常（过度清廉或较清廉）
	$\eta<0$	11	俄罗斯、意大利、墨西哥、希腊、阿根廷、白俄罗斯、埃及、哈萨克斯坦、巴基斯坦、乌克兰、委内瑞拉	异常（极端腐败）

注：本表是按照55个国家1998～2012年的清廉指数均值来对各国的清廉程度进行分类，其中η代表福利产出对清廉投入的弹性值。

第三节 本章小结

本章根据戴利的经济增长绩效思路并对其扩展，引入人均 GDP、社会努力度、清廉度三个福利转化投入指标，运用随机前沿模型（SFA）对世界 55 个国家的四种不同制度环境下的福利转化效率进行测度。在此基础上，本书运用反事实手法归纳分析了清廉投入对福利转化效率可能存在的三种影响。

研究结果发现：从福利的转化效率看，发展中国家的效率要普遍低于发达国家，而清廉投入对不同国家福利转化效率会产生截然不同的影响，这分为三种情况：第一种情况是清廉投入提高了福利转化效率，中国在这一点表现十分突出，因此，中国有必要进一步加大其廉政反腐力度，以促进社会福祉增进。第二种情况是清廉投入反而降低了福利转化效率，这种情况又分为两种类型：一种是以俄罗斯代表的腐败较为严重的国家，我们推测其福利产出对清廉投入的弹性 η 为负；另一种是以英国、美国为代表的较为清廉的国家。我们推测其福利产出对清廉投入的弹性 η 大于 0 小于 1。

第六章

福利转化的阈值效应分析

第一节　福利转化限度的典型化事实分析

一国的福利转化水平是否会伴随着经济增长而必然呈现出一直的增长趋势，或者说还是会存在着一个转化限度？对于这一问题，本章准备依照卡尔多的研究范式，即如卡尔多本人所说的那样，经济理论研究“应以对这一理论所试图解释的‘典型化事实’（stylized facts）的总结作为研究开端”（Kaldor，1961）。基于这一研究逻辑，本书首先以经济学界目前所总结出来的两个有关福利转化限度的“典型化事实”作为切入点来展开论述。

“第一个典型化事实”：将人均消费来代表一国的福利水平，用人均 GDP 表示经济增长水平，然后比较两者的增长趋势，如果人均消费增长率低于人均 GDP 增长率，则说明一国的经济增长没有充分有效转化为社会福利；反之，则说明一国的经济增长已经充分有效转化为社会福利。我们以中国为例来做具体说明，如图 6－1 所示。

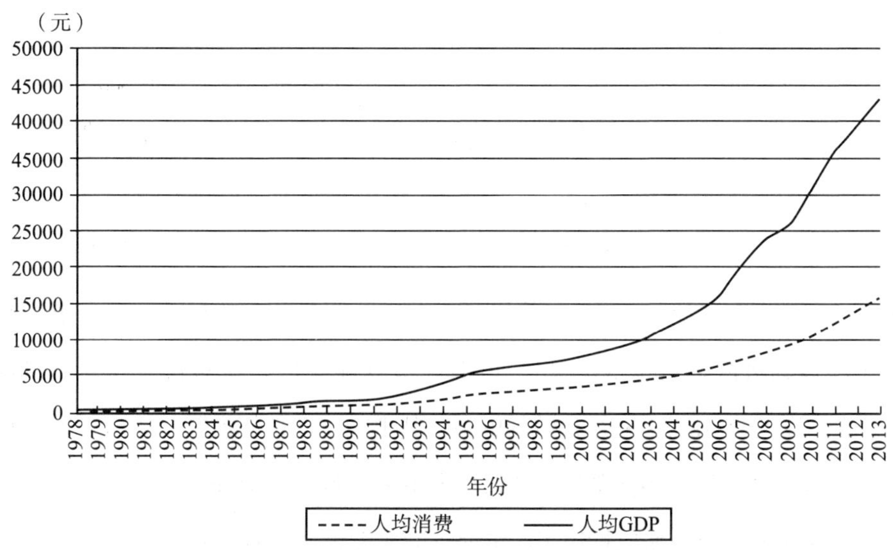

图6－1　中国经济增长的福利转化效应典型化事实

在图6－1中，中国的人均消费水平伴随着经济增长始终呈现出绝对增长的趋势，但是，大约从1992年起，中国人均GDP的增长速度明显地快于人均消费的增长速度，两者相对差距却越来越大，因此，根据图6－1，学界一般认为中国的经济增长并没有充分地转化为社会福利。以中国情况为例，“第一个典型化事实”的逻辑可以总结为：以人均GDP为准绳，伴随着GDP增加，代表福利的指标（基本上是指人均消费）不仅是在绝对数量上增加的，而且要求其增长率也要超过人均GDP的增长率，即从相对数量上讲，福利指标与人均GDP比值也要不断地增加，只有这样才能判定经济增长是充分转化了社会福利。

“第二个典型化事实”是指麦克斯－尼夫（Max－Neef）提出的福利“门槛假说”（threshold hypothesis）现象。麦克斯－尼夫在1995年基于诺德豪斯和托宾的国民福利核算框架，对美国、英国、荷兰、奥地利、德国的可持续经济福利指数（ISEW）和GNP指数进行经验分析，发现这些国家在经济增长的过程中，经济增长的初期可以带来社会福利的提升，当到达某一阶段即“门槛”时，持续的经济增长不会显著提升社会福利，社会福利甚至还有可能下降。自福利“门槛假说”提出之后，很多经济学家对“门槛”现象进行了各种解释和经验分析。研究结果发现，很多发达国家的可持续经济福利指数（ISEW）[①] 自20世纪50年代以来，均慢于GDP的增长，80年代早期以后，发达国家的ISEW开始下降，同经济增长的差距呈现出扩大的趋势，经济福利似乎已达到极限，这一情况具体如图6－2所示。但是，福利为什么会出现“门槛点”，学界并没有一个权威的解释，其中对“门槛假说”较为常规的解释是：随着经济增长，环境恶化以及如社会不公等这些社会非经济因素的负效用也变得越来越严重，所以抵销了经济增长的成果，从而使福利开始呈下降趋势。

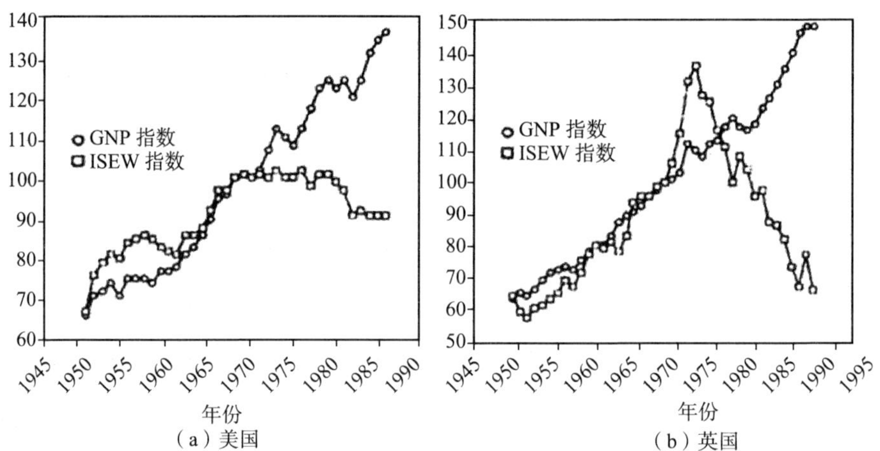

（a）美国　（b）英国

① 可持续经济福利指数（ISEW）和传统社会福利指数测算理念不一样：该指标认为伴随经济增长，会产生给人们带来“好感受的正福利”和“坏感受的负福利”，当“正福利”大于“负福利”，可持续经济福利指数（ISEW）大于零，当“正福利”增长率大于“负福利”增长率时，可持续经济福利指数（ISEW）会上升，否则会下降。而传统社会福利指数如庇古、森理念的福利指数只计算给人带来好的感受的正福利。

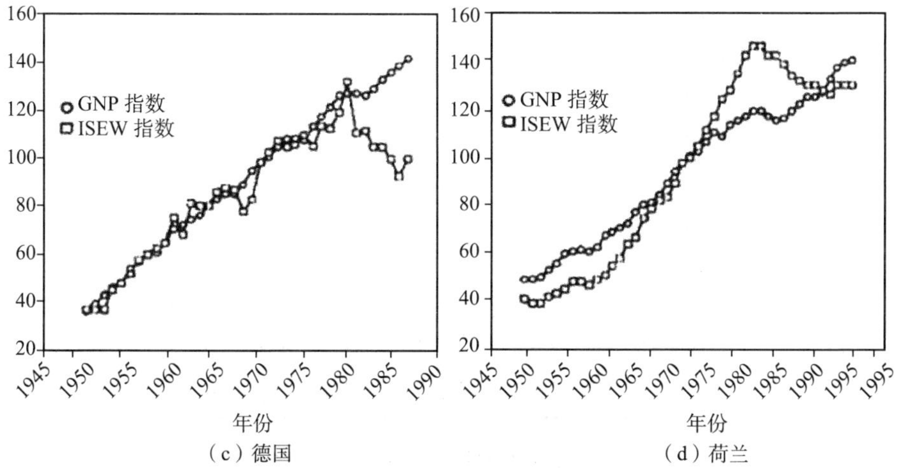

（c）德国　　（d）荷兰

图 6－2　发达国家经济增长的福利转化典型化事实

注：图中 GNP、ISEW 均以 1970 年为基期。
资料来源：麦克斯－尼夫（Max－Neef，1995）。

而在对发展中国家 ISEW 和人均 GDP 的增长趋势研究中，克莱克（Clarke，2005）、卡斯塔奈达（Castaneda，1999）分别对泰国、智利等发展中国家的经济福利进行了研究，发现发展中国家经济福利一般仍处于上升状态。周伟（2013）对中国的 ISEW 进行测算，并将其与中国人均 GDP 进行比较，发现在 1997 年前，中国的 ISEW 与人均 GDP 增长趋势大体相同，而 1997 年后代表中国福利的 ISEW 水平基本处于原地踏步的平稳状态，与 GDP 差距持续增大，由此推测中国的福利已有“门槛假说”的端倪，这一情形具体如图 6－3 所示。

通过对比上述学者有关发达国家和发展中国家福利转化的“门槛假说”经验分析，本书认为对于“福利门槛”现象主要是由环境和社会发展不公这些负面问题所引起的解释，从实际经验看，并不能经得起推敲，因为无论是从环境污染看，还是从单位产值能耗看，或者还是从基尼系数看，包括中国

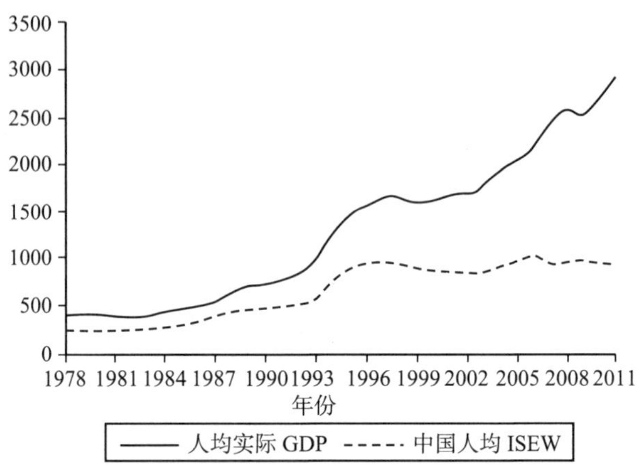

图 6－3　中国的 ISEW 与人均 GDP 趋势线

资料来源：周伟（2013）。

在内的很多发展中国家都要明显地比美国、英国、德国这些发达国家严重得多，按照上述对福利“门槛点”的解释，应该是中国、智利等一些发展中国家或新兴工业化国家更能明显地表现出“门槛假说”的现象，可反而是，发达国家首先表现出了这一特征，发展中国家却没有表现出来。这种情况说明，福利转化的“门槛假说”现象虽然已是一种公认的典型化事实，但是，在此事实下的福利转化和经济增长之间的内在关系，学界实际上并没有给出合理的揭示。

尽管上述福利转化的“门槛现象”在理论解释方面仍存在着明显缺陷，但是，这一现象却在一定程度上推动了学界对福利转化状况的评判标准改变：学界不再认为只有当福利指标的增长率超过人均 GDP 的增长率时，才能够判别经济增长是有效转化为福利。不过，学界一般仍潜在地认为，伴随着经济增长，社会福利水平在绝对数量上是要随之不断地增长，如果一国可以克服环境和社会非经济因素对经济福利产生的负面影响，那么社会总福利就不会出现“门槛点”，会一直随经济增长而增长。由此，“第二个典型化事实”关于福利转化的潜在逻辑是：不要求在相对意义上，即福利指标与人均 GDP 的比值呈现出增长趋势，只要福利指标能够随经济增长呈现出绝对增长的趋势，就可以判定经济增长已有效转化为社会福利了。

上述福利转化的两个典型化事实本质上都是基于庇古的理念，以 GDP 为准绳，以福利指标是否随着人均 GDP 增长而呈现出绝对增长或是相对增长为标准，来判别一国经济增长对福利转化是否充分。但是，这种判断实际上是一种规范分析，即认为福利“应该”遵循以 GDP 为准绳的标准，可为什么福利“应该”遵循这个标准，遵循这个标准的依据是什么，学界却从来没有一套专门的理论来进行说明，似乎福利天然地“应该”遵循伴随着人均 GDP 增长而增长这个标准。根据本书第三章所测度基于森理念的各国福利指数水平，一些国家的社会福利伴随着经济增长实际已经呈现出下降趋势，即呈现出去“福利化”特征，这与本节所提到的麦克斯 - 尼夫“福利门槛”现象其实是有异曲同工之处的，不过，本书认为判断经济增长对福利转化是否充分，可能会存在另外一些独有的规律和标准，对此，本书将在下面三节做出具体分析。

第二节　福利转化的阈值效应检验模型设定及变量选取

在这一节，本书将借助前面第四章的耦合度概念和第五章所测算的福利转化效率值来分析经济增长的福利转化限度问题，以期为福利转化状况提供一个新的判断标准。

从耦合关系看，本书认为经济增长过程中的福利转化应该会有一个限度，即会存在“阈值效应”。具体来说，福利转化的“阈值效应”是指：在每一个经济增长水平和福利转化效率上，一个国家用于福利转化的社会努力程度，都应该会存在一个适度水平。这个适度水平即为“阈值”，当一国的社会努力程度低于这一水平时，说明在改善本国福利方面还没有尽到最大努力，进一步提高其努力程度可以促进本国福利与经济增长之间的耦合度水平；反之，当社会努力度超过这一水平时，则说明该国在福利方面已投入过高，其努力程度已经对耦合值产生了消极影响。

本书所提出的福利转化“阈值效应”，其灵感主要来源于对现实生活的感知和观察，从现实生活看，一个人生活所需要的食品、衣物等凡是能够改善自身福利方面的物质，在数量和质量上，并不必然伴随着自身经济收入水平的提高而无限增长，而是存在一个适度水平。当低于这一水平时，伴随着收入增长，人们可以通过提高在这些物质方面的数量和质量需求来改善自己的福利。但是，当到达一个适度水平时，即便随着人们的收入水平再提高，人们也不会增加对上述物质的需求，因为，如果再继续增加对这些物质的消费，则有可能会导致人们的“富营养”，从而会引发诸如肥胖症等一系列“富贵病”，这反而不利于人们自身福利的改善。

基于上述思考和观察，本书将检验经济增长对福利转化是否存在“阈值效应”，如果存在，将进一步计算样本中所有国家用于福利转化的最优社会努力程度。福利转化的“阈值效应”具体检验模型如下：

$$D_{it} = \beta_0 + \beta_1 REF_{it} + \beta_2 REF_{it}^2 + \beta_3 RGDP_{it} \cdot REF_{it} + DUM + \gamma X_{it} + \lambda_t + \varepsilon_{it} \tag{6-1}$$

式（6－1）中，D_{it}为被解释变量，代表在第四章中所测度的经济增长与社会福利之间的耦合度值。下标 i 代表国家，t 代表时期，λ_t 为时间效应，控制所忽略的时间层面因素的影响；ε_{it}是随机误差项，与 λ_t 以及解释变量都不相关，反映其他可能起作用但是没有被模型捕获的因素。

在解释变量方面，由于在福利转化过程中，所投入的社会努力度和人均 GDP 都是在一定的效率水平上来发挥作用的，所以，需要使用第五章所测度的福利转化效率（WEI_{it}）×社会努力度（E）来反映参与福利转化的“实际社会努力程度”，其由 REF_{it}来表示。同理，我们用福利转化效率×人均 GDP 来反映实际参与的有效 GDP 投入，用 $RGDP_{it}$来表示。而 REF_{it}^2是用来判断实际社会努力度是否具有“阈值效应”，若其系数 $\beta_2<0$，且有 $\beta_1+\beta_3 \cdot RGDP_{it}>0$，则说明存在能使各国耦合度达到最大的福利转化水平。DUM 为国别虚拟变量，当为发达国家时取 1，发展中国家时取 0。X_{it}表示影响耦合度的一系列控制变量，具体有：城市化水平、产业高级度、基础设施、外商直接投资（FDI）水平、贸易开放度、金融发展度。其中城市化水平（U）用城市人口占总人口数比来表示，产业高级度（S）用服务业人数占总就业人数比表示，基础设施（J）则采用每十平方千米土地上的公路长度与铁路长度之和来衡量，FDI 水平用 FDI 存量占 GDP 比来表示，贸易开放度（$Open$）采用进出口总额占 GDP 比来表示，金融发展度（FIN）则采用金融部门信贷总额占 GDP 比来表示。上述控制变量中除了 FDI 存量占 GDP 比是来自联合国贸易与发展会议（UNCTAD）数据库外，其他控制变量的数据均来自世界银行的 WDI 数据库。表 6－1 为式（6－1）所涉及的控制变量描述性统计特征。

表 6－1　　　　阈值效应模型控制变量的描述性统计特征

变量	符号	最大值	最小值	均值	标准差
城市化水平	U	97.515	27.243	70.276	16.066
产业高级度	S	52.044	0.328	9.034	9.862

续表

变量	符号	最大值	最小值	均值	标准差
基础设施	*J*	84.100	13.300	60.882	13.448
贸易开放度	*Open*	333.532	15.865	85.025	50.002
外商直接投资水平	*FDI*	306.529	0.666	38.578	35.953
金融发展度	*FIN*	349.027	8.696	100.088	63.762

第三节　福利转化的阈值效应检验结果分析

本节将对第二节中式（6－1）模型的检验结果进行分析，由于在式（6－1）中已经加入了国别虚拟变量（*DUM*）用以反映不同类型国家对耦合度在截距项上的影响，所以如果选择固定效应模型对其进行估计，就会导致严重的多重共线性问题。因此，本书选择静态随机效应模型对式（6－1）进行估计，同时，出于对模型现实性和稳健性考察，本节将延续第四章的做法，将式（6－1）纳入第四章所提到关于制度变迁和清廉投入四种不同的情景下进行计量分析，具体估计结果见表6－2。

表6－2　福利转化阈值效应模型回归（聚类标准误）结果

解释变量	有制度变迁		无制度变迁	
	模型1（含清廉）	模型2（无清廉）	模型3（含清廉）	模型4（无清廉）
实际努力度（*REF*）	0.1971 ** (0.034)	0.1617 ** (0.026)	0.1946 ** (0.034)	0.1343 (0.102)

续表

解释变量	有制度变迁		无制度变迁	
	模型 1（含清廉）	模型 2（无清廉）	模型 3（含清廉）	模型 4（无清廉）
实际努力度平方（REF^2）	-0.0028*** (0.006)	-0.0031*** (0.000)	-0.0030*** (0.002)	-0.0025*** (0.006)
有效 GDP 投入×实际努力度（*RGDP*·*REF*）	0.0010*** (0.000)	0.0010*** (0.000)	0.0012*** (0.000)	0.0012*** (0.000)
国别虚拟变量（*DUM*）	22.9535*** (0.000)	24.7147*** (0.000)	18.9103*** (0.000)	18.8722*** (0.000)
城市化水平（*U*）	0.2249*** (0.003)	0.2580*** (0.000)	0.2426*** (0.001)	0.2569*** (0.001)
产业高级度（*S*）	0.1416*** (0.009)	0.1481*** (0.009)	0.1432*** (0.007)	0.1469*** (0.010)
基础设施（*J*）	0.2331** (0.046)	0.3004** (0.013)	0.3007** (0.022)	0.3162** (0.017)
贸易开放度（*Open*）	0.0022 (0.844)	-0.0053 (0.693)	0.0014 (0.902)	0.0031 (0.792)
外商直接投资（*FDI*）	0.0129* (0.053)	-0.0009 (0.930)	0.0180** (0.025)	0.0139 (0.138)
金融发展度（*FIN*）	0.0032 (0.563)	0.0060 (0.272)	0.0104* (0.079)	0.0076 (0.214)
常数项	-11.1589*** (0.002)	-11.0536*** (0.002)	-12.8710*** (0.000)	-12.4741*** (0.001)
调整后的 R^2	0.6138	0.5945	0.6479	0.6346
国家	55	55	55	55
样本总数	825	825	825	825
Wald test (*Prob* > *chi2*)	1991.54 (0.0000)	1666.06 (0.0000)	1719.94 (0.0000)	1788.81 (0.0000)

注：***、**、*分别表示在1%、5%、10%的显著性水平下显著。为了使各变量的回归系数不至于太小，本书将被解释变量耦合度值扩大一百倍，这不影响回归结果。

从表6－2看，在模型1～4中的，REF^2项系数在1%的水平上显著为负，$RGDP \times REF$项系数在1%的水平上显著为正，而REF项系数除了在模型4中不显著外，其他的3个模型中都在5%的水平上显著为正。上述回归结果表明：在经济增长过程中，福利转化具有明显的“阈值效应”。同时，REF^2项、$RGDP \times REF$项、REF项在模型1～4中不同制度环境下，都得到了较为一致的回归结果，这也反映出我们的“阈值效应”回归结果具有较好的稳健性。

在控制变量中，国别虚拟变量（DUM）、城市化水平（U）、产业高级度（S）、基础设施（J）在模型1～4中都通过了在1%水平下的显著性检验。国别虚拟变量（DUM）系数为正，说明就社会经济和谐发展程度而言，发达国家要普遍比发展中国家具有更高的水平。城市化水平（U）、产业高级度（S）、基础设施（J）这些变量的系数为正，符合人们的预期，作为衡量一国经济发展的内需指标，它们的水平提升，对于提高人均收入、减少贫困率、缩小贫富差距等民生方面的建设，无疑起到了重要作用，这些显然有利于社会经济的和谐发展。而对于贸易开放度（$Open$）来说，其系数在模型1～4中都不显著。我们对此的解释是，对外贸易是否能够促进社会经济的和谐发展，关键是要取决于一国贸易的物品是什么。如果一国长期出口都是低端附加值产品，那么，由此可能导致的是：该国经济结构长期锁定在一个低层次水平上，从而无法带动整个社会和谐发展（武剑，2010）。通过比较上述控制变量的回归结果，可以发现一国如果想要提高其社会经济和谐发展的水平，关键是要加强其在内需方面的建设，如城市化水平提高、产业结构升级、基础设施完善。而如果单纯依靠发展国际贸易，即依靠外需，是无法实现这一目标的。本书认为，上述的回归结果对于中国目前的经济增长方式转变，并由此进一步推动社会和谐发展，尤为具有现实意义。

在模型 1 ~ 4 中，最大的不同主要体现在对变量 *FDI* 和金融发展度（*FIN*）的回归结果上。对于 FDI 来说，无论是否存在制度进步，只要是在无清廉的环境下，其都是不显著的；反之，如果是在有清廉的环境下，FDI 在 5% 的水平上都显著为正。究其原因，本书认为这可能与 FDI 自身属性有关。追求剩余价值最大化，获得高额经济利润是 FDI 进入一国的根本动因。从资本主义早期发展史来看，如果东道国存在着较为严重的腐败行为，FDI 往往会与腐败行为相互勾结，在东道国攫取高额利润，而腐败集团为了维护自身势力也会将本国的利益出卖给外国势力。因此，在一个不清廉的环境下，FDI 有可能不利于东道国的社会经济和谐发展。对于金融发展度（*FIN*）的回归结果来说，其解释机理与 FDI 类似，在模型 2 和模型 4 无清廉投入的环境下，不管是否有制度变迁发生，其系数都不显著。本书对此的解释是：腐败行为可能会使信贷资金流向非效率部门或者服务于特权集团，却无法应用于社会真正需要的地方，如扶助贫困、帮助中小企业资金流转等。因此在一个腐败的环境下，金融信贷对于促进社会经济和谐发展就不会起到什么作用。而在模型 3 中，即考虑了有清廉投入而无福利制度变迁的环境下，可以发现金融发展度系数会在 10% 的水平上显著为正，与模型 4 相比，模型 3 只是加入了清廉投入，金融发展度就会产生截然不同的作用。这说明对于促进社会经济的和谐发展来说，金融信贷的作用可能是中性的，即只有与清廉制度相结合，金融信贷才能促进耦合度水平提高（武剑、林金忠，2013）。如果将模型 3 与模型 1 对比，就会发现同是在清廉制度环境下，由于模型 1 中存在福利制度变迁，金融发展度的系数再次变回了不显著，对于这种现象，本书认为：在实际中，一个制度的变迁对耦合度的促进作用要远远大于单纯依靠金融发展所产生的作用，所以在整个福利制度变迁的大背景下，金融发展度（*FIN*）所起作用可能微不足道，在统计上就不显著了。

第四节　世界典型国家福利转化的阈值效应比较分析

在本部分内容中，本书将以模型 3 为基准，利用“实际努力度平方（REF^2）”“有效 GDP 投入与实际努力度乘积（$RGDP \cdot REF$）”“实际努力度（REF）”估计得到的系数及有效 GDP 投入值（$RGDP$），来测算样本国家每年用于福利转化的最优社会努力度①，以及实现这种最优水平的困难程度。

首先，有必要对模型 3 的选择理由做以说明。从现实来看，世界上所有国家都会进行反腐廉政投入，只是重视程度不一样，其清廉投入的效果也不一样而已。所以模型 2 和模型 4 完全无清廉投入的情况，与现实还具有明显差距，只适用于做理论推演。由此，本书主要关注包含清廉投入的模型 1 和模型 3 的适用情况，对于模型 1 来说，其考虑了福利制度变迁情况，这似乎比模型 3 更为合理，但模型 1 是假设福利制度每年都发生了变化，且用于福利转化的人均 GDP、主观努力度，清廉度的边际技术替代率每年都在递增，这种假设尽管考虑了有关福利制度发生变化的可能性，但是却显得过于极端。第一，现实中无论何种制度，每年都发生变动是不太可能的，像福利制度于民生利益至关重要，往往需要征取广泛的意见，经过反复的协商才可能进行变动，因此实际上福利政策更可能是长达七八年，甚至十多年都不会发生变化。第二，假设用于福利转化的边际技术替代率是递增的，这是一种美好的理想状况，因为人们都会假设：随着人类文明进步，整个社会都会变得更具

① 根据二次项函数，最优社会努力度为：$-\dfrac{\beta_1+\beta_3 \cdot RGDP_{it}}{2\beta_2}$（武剑、林金忠，2015；武剑、谢伟，2018）。

有人文关怀精神，福利制度也会因此变得越来越完善。但是现实中福利政策往往易受到政局影响，政局的波动还经常会使福利转化的边际技术替代率出现递减的情况（武剑，2012）。从上述两方面来看，模型 3 所假设的情况即假设各国在样本期间内福利制度暂不发生变化可能要比模型 1 更接近于实际情况；同时从计量结果来看，通过比较各模型调整后的 R^2 值，也可以发现模型 3 的 R^2 值是最高的，这也反映出模型 3 具有最好的拟合效果。综上分析说明：相对于其他模型来说，选择模型 3 作为基准来分析各国的“阈值效应”更具有合理性。

在表 6－3 中，本书根据模型 3 列出了各国 2012 年最优社会努力度与实际社会努力度之间的差距值以及整个样本期间的差距均值。当“差距”[①] 为正时，说明一个国家还没有尽最大的努力实现福利转化，存在着进一步提高福利转化的潜力，这种差距值越大，说明其所存在的潜力也越大。而当“差距”值为负时，说明一个国家促进福利转化的潜力已经完全发挥出来了，并且实际社会努力度已经超过了最优水平，需要降低福利转化的努力度来促进社会经济和谐发展。同时，为了反映实现最优努力水平，缩小其差距值的困难程度，本书设计了福利转化的“困难指数”来加以量化（其值见表 6－3），“困难指数”测算方法具体如下：

$$困难指数 = 差距 \times 压力指数 \tag{6-2}$$

在式（6－2）中，差距即为福利转化的实际社会努力度与最优社会努力度之差的绝对值。它相当于模仿的是一个人与他所要到达的目的地距离。压力指数是第四章所测得的森福利指数与 GDP 标准化的比值，它模仿的是一个

① 具体来说，差距 = 最优社会努力度 － 实际社会努力度。所有国家样本期间的“差距”值见附录 H。

人的体重。一个人身体越重，离他所要到达的目的地越远，实现其目标自然就越困难。一国福利转化的困难指数正是模仿这一情形。当困难指数①越大时，说明一国实现其福利转化的最优努力度就越困难，也即实现社会经济最优的和谐发展水平越困难；反之，则越容易。

表 6-3　　　　全样本国家福利转化的差距值和困难指数

国家	福利转化（2012 年）				差距均值
	差距值	压力指数	困难指数	排名	
中国	0.91	11.88	10.78	12	6.65
土耳其	0.16	4.61	0.73	1	4.11
美国	-1.19	1.21	1.44	2	2.96
泰国	-0.33	10.74	3.52	3	5.52
意大利	2.04	2.16	4.41	4	1.63
法国	-2.94	1.96	5.76	5	3.22
西班牙	-2.45	2.57	6.28	6	2.96
南非	3.23	1.98	6.40	7	4.06
比利时	3.93	1.89	7.44	8	5.63
英国	6.20	1.50	9.33	9	7.77
德国	4.79	2.00	9.58	10	4.05
芬兰	5.67	1.89	10.72	11	2.96
奥地利	5.80	2.01	11.64	13	4.32
巴西	2.62	4.75	12.44	14	38.12
澳大利亚	8.54	1.69	14.39	15	13.20
日本	7.44	1.96	14.6	16	17.53

① 所有国家样本期间的困难指数见附录 I。

续表

国家	福利转化（2012 年）				差距均值
	差距值	压力指数	困难指数	排名	
加拿大	10. 32	1. 46	15. 11	17	13. 34
瑞典	11. 59	1. 51	17. 51	18	14. 48
哥伦比亚	4. 54	4. 25	19. 29	19	2. 88
瑞士	16. 00	1. 21	19. 44	20	13. 51
丹麦	13. 90	1. 54	21. 46	21	17. 57
以色列	10. 18	2. 12	21. 54	22	5. 19
韩国	6. 72	3. 28	21. 67	23	4. 88
卢森堡	28. 49	0. 78	22. 12	24	31. 57
冰岛	17. 07	1. 38	23. 61	25	18. 69
智利	7. 58	3. 35	25. 42	26	7. 49
新西兰	12. 27	2. 12	26. 07	27	9. 88
玻利维亚	2. 56	10. 8	27. 63	28	1. 28
巴基斯坦	0. 80	35. 39	28. 36	29	2. 41
爱尔兰	22. 43	1. 40	31. 47	30	28. 83
挪威	28. 72	1. 13	32. 33	31	25. 68
墨西哥	9. 95	3. 29	32. 71	32	8. 17
斯洛文尼亚	-11. 37	3. 48	39. 62	33	16. 04
荷兰	22. 77	1. 77	40. 20	34	21. 12
马来西亚	8. 91	4. 59	40. 92	35	8. 67
秘鲁	7. 66	5. 49	42. 08	36	3. 28
委内瑞拉	8. 77	5. 59	48. 97	37	6. 64
爱沙尼亚	-9. 25	5. 39	49. 86	38	14. 87
葡萄牙	-17. 61	3. 59	17. 51	39	13. 53
斯洛伐克	-11. 87	5. 51	65. 34	40	20. 77
捷克	-13. 64	5. 05	68. 83	41	16. 22
希腊	-18. 57	4. 04	74. 96	42	16. 18

续表

国家	福利转化（2012年）				差距均值
	差距值	压力指数	困难指数	排名	
菲律宾	4.44	20.14	89.34	43	5.20
匈牙利	-15.80	5.79	91.47	44	24.76
波兰	-17.32	5.63	97.44	45	24.57
印度	2.73	39.08	106.71	46	1.89
哈萨克斯坦	-9.15	13.75	125.78	47	7.33
印度尼西亚	15.89	16.78	266.72	48	11.66
阿根廷	-36.09	8.08	291.7	49	23.79
俄罗斯	-27.55	10.87	299.43	50	15.58
保加利亚	-21.24	14.29	303.51	51	26.74
白俄罗斯	-30.34	18.82	571.02	52	38.12
埃及	-16.64	35.49	590.67	53	22.41
蒙古国	-14.08	45.83	645.36	54	9.51
乌克兰	-65.92	43.08	2839.94	55	44.70
全样本均值	—	15.23	133.97	—	12.77

注：排名是指对2012年55个国家福利转化的困难指数进行排序。

在表6-3中，本书选出了一些具有代表性的国家，对其进行深入分析。这些国家是：葡萄牙、西班牙、瑞典、美国、中国、印度。上述国家既有发达国家，也有发展中国家，既涉及了福利转化过度的情况，又涉及了福利转化明显不足的情况，还涉及了介于两者之间的情况。图6-4~图6-6分别给出了这6个国家的实际社会努力度与最优社会努力度趋势线。同时，在图6-7中也给出了其余49个国家的实际社会努力度与最优社会努力度趋势线，对于这些国家的福利转化情况，其分析逻辑完全与上述6个典型国家相同，所以，就不再对它们展开详细的讨论。

首先，来分析希腊、葡萄牙这两个国家的福利转化状况。希腊、葡萄牙这两个国家由于长期实施过高的福利政策最终在2009~2010年爆发了“主权债务危机”。所以，这两个国家的福利状况一直备受国际关注。从图6-4看，希腊、葡萄牙的实际努力度不仅是在2009~2010年危机爆发的时期大幅度超过其福利转化的最优努力度，而且就是在样本的其他时期也都表现出了这种情况，这反映出两个国家的福利转化实际上一直都处于严重过度的状态。结合表6-3看，就超过最优努力度的平均差距而言，希腊在所有发达国家中都是最高的，葡萄牙紧随其后，这就解释了为什么欧洲主权债务危机会最先爆发在希腊、葡萄牙这两个国家。从困难指数看，希腊在2009年的困难指数为68.24，要高于葡萄牙的困难指数56.16，说明希腊的债务危机情况要比葡萄牙更为严重，这一点也符合当时人们对两国危机情况的判断（李稻葵、张双厚，2010；余永定，2010），综上所述，图6-4所反映的希腊、葡萄牙两国的计量结果不仅较好地印证了这两个国家在2009~2010年“主权债务危机”爆发的情况，而且还进一步揭示出：希腊、葡萄牙这两个国家实际上都并没有走出危机的阴影，如果在以后不能及时调整本国的福利政策，很有可能会重蹈上次危机的覆辙。

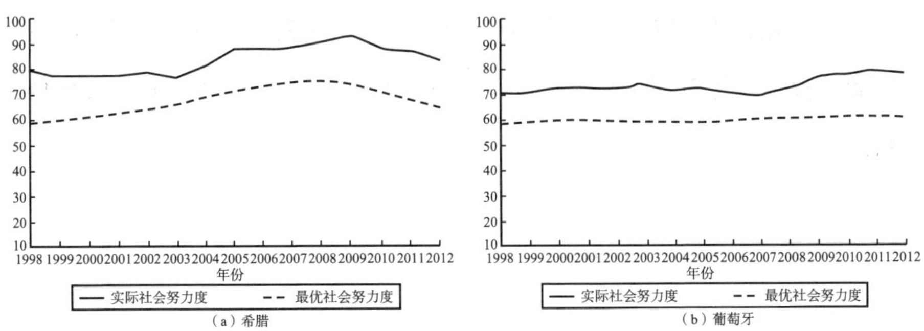

图6-4　希腊和葡萄牙福利转化的实际社会努力度与最优社会努力度的趋势线

其次，来分析瑞典、美国这两个国家的福利转化状况。瑞典被公认为是普救型福利国家的典范，而美国则被认为是补救型福利国家的代表。从图 6－5 看，相对于世界平均水平来说，瑞典福利转化的实际社会努力度已经处在一个很高的水平上，但是，它却始终没有超过其最优努力水平，这表明瑞典社会的“高福利”状况，其实相对于它在世界范围内都非常之高的人均 GDP 来说，并不算高，还有进一步提升的空间。但是，从图 6－5 中可以看到：瑞典实际社会努力度和最优努力度在样本期间内都没有上升，反而共同呈现出下降的趋势。这种现象可能与国际上所说的“瑞典病”有关，即过高的社会福利会引发劳动生产率以及一国竞争能力下降等一系列问题。所以，瑞典在样本期间内适度地降低了其用于福利转化的社会努力度。接着来分析美国的福利转化情况。从图 6－5 看，美国的福利转化趋势特征是：在 2009 年以前，美国的实际努力度略微低于它的最优水平，而在 2009 年之后，便开始小幅度地超过。在整个样本期间内，美国经历了福利转化不足与福利过度两种状态，特别是 2009 年后，美国福利转化表现出了过度的状态①，这与学界对美国目前的福利状况认知较为一致。总体来看，与其他样本国家相比，美国在整个样本期间的实际努力度与最优努力度是比较接近的。从困难指数看，其 2012 年值为 4.08，要明显地低于世界平均水平，比瑞典的困难指数 27.57 也要小，这些表明：相对大多数国家，美国能够较容易地对其福利水平进行调整，从而达到社会经济和谐发展的最佳状态。

① 美国的福利转化过度主要表现为信贷泡沫导致的私人负债消费过度。

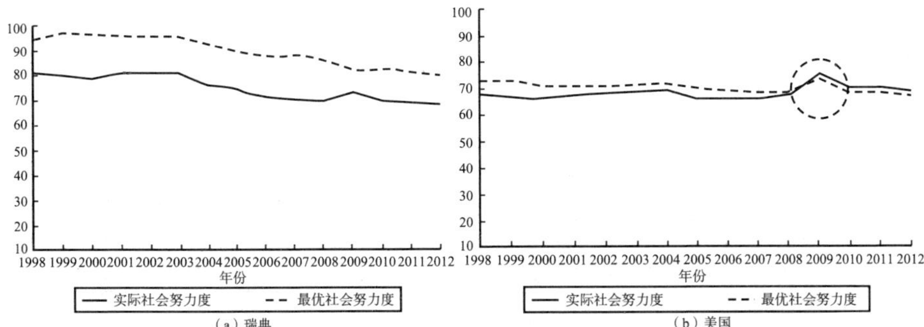

图 6－5　瑞典和美国福利转化的实际社会努力度与最优社会努力度的趋势线

最后来分析中国、印度这两个典型发展中国家的福利转化状况。从图 6－6 看，由于中国和印度经济水平都比较低，所以对它们所要求的最优社会努力度不仅要明显低于美国、瑞典这些发达国家的水平，而且也要比世界平均水平低很多。即便如此，中国和印度的实际社会努力度仍然没有达到它们的最优水平。但是，从印度来看，其福利转化的实际努力度已经非常接近于最优水平，从表 6－3 和图 6－7 可知，两者差距值在所有样本国家都算是较小的，而对于中国而言，其“差距”除了在 2012 年比印度小以外，在其他年份，中国的“差距”都要明显地大于印度的水平。这表明：尽管中国用于福利转化的实际努力度一直都要高于印度（这也主要是由于中国经济水平比印度高），但是与自身经济水平相比，中国在大部分的样本观测时间里（1998～2011 年），并没有像印度那样尽自己的最大努力，发挥最大潜力来促进本国的福利转化。总体来看，在整个样本期间，印度实际努力度要更为契合其最优水平的发展，而中国的实际努力度从 2010 年才开始迅速上升，逐渐靠近其最优努力水平，在 2012 年，中国的实际努力度值为 34.44，几乎达到了其最优努力度值 35.35。从困难指数比较来看，中国在 2012 年的值为 10.78，其排名为 12，而印度的水平为 106.7，排名为 46，这表明不仅与印度相比，就是与世界大多数国家相比，中国都能够较为容易地实现本国社会经济和谐发展的最优水平。

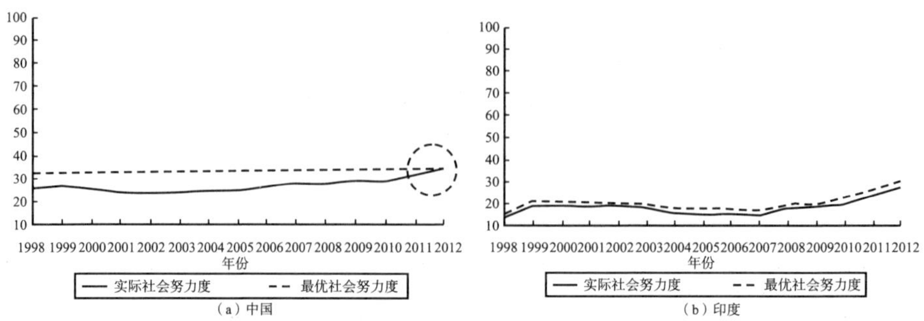

图6－6　中国和印度福利转化的实际社会努力度与最优社会努力度的趋势线

下面本书将结合表6－3和图6－7中的世界主要国家福利转化的实际社会努力度与最优社会努力度的趋势线，从世界范围内，来对中国经济增长的福利转化情况做进一步的对比和总结性分析。通过表6－3和图6－6及图6－7中世界各国情况对比，可以看到中国的福利转化情况，实际是处于“名为治平无事，而其实有不测之忧”的状态。从表面看，1998～2012年期间，中国福利转化的实际社会努力度与最优社会努力度之间的差距均值为6.65，世界排名22位，而在2012年则更为小，仅为0.908，世界排名第4位。这说明在整个样本期间，如果不与印度等个别国家相比，而从全世界范围来看，中国用于福利转化的社会努力度实际已较为合理地接近本国社会经济和谐发展所要求的最优状态。而且从2012年的困难指数看，中国在未来能够比较容易地实现这种福利转化的最优状态。但是与世界相比，中国的最优社会努力度趋势线长期处于低水平的状态，这意味着中国最优福利转化状态，其实是一个低水平的最优状态，是建立在一个比较低的人均GDP水平和比较低的福利转化效率水平上的。中国即便实现了这种最优的福利状态，仍然属于低福利国家，这与我国社会主义制度所要求的优越性是不相符的。如果中国不改变当前较低的最优社会努力度趋势线位置，那么，中国在2012年实际社会努力度与最优社会努力度之间的差距均值仅为0.908，实际意味着：中国进一步提升本国的福利空间不大了，如果中国进一步提升福利转化的社会努力程度，即进一步提高社会性支出占 GDP 比例，以及可支配收入占 GDP 的比例，就有可能会导致经济增长与社会福利耦合性失调，从而使中国有可能步入像拉美国家那样的“福利国家陷阱”的危险。

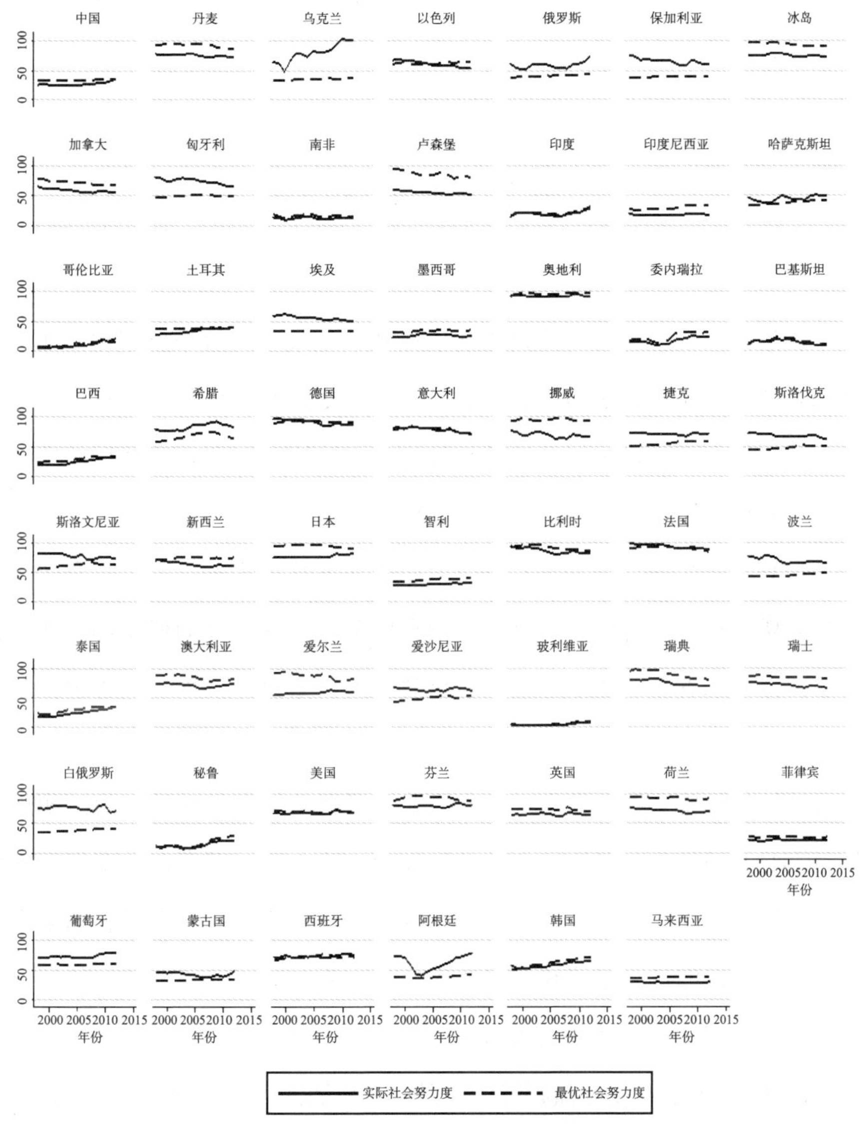

图 6-7 世界主要国家福利转化的实际社会努力度与最优社会努力度的趋势线

因此，综上所述，中国当前面对的实际是一种不可持续的、低水平的福利转化最优状态。要想使中国的福利转化水平得到进一步提高，关键在于提高中国的福利转化能力，即福利转化的最优社会努力度，对于当前中国较低的人均 GDP 水平状态来说，重点在于要想尽办法从制度层面来提高其经济增长的福利转化效率。

第五节　本章小结

本章依照卡尔多的研究范式总结了福利转化限度的两个典型化事实。第一个福利转化的典型化事实要求：福利水平不仅要随着人均 GDP 增加呈绝对增长趋势，而也要表现出相对增长趋势，只有这样才能判定经济增长有效促进了福利转化。第二个福利转化的典型化事实来源于麦克斯 - 尼夫所提出的福利“门槛假说”现象，由于目前这两个点典型化事实并不能对福利转化的一些现象做以很好的解释。所以，本章利用第四章耦合度的概念和所测得耦合度值，以及第五章所测度的福利转化效率值，来对经济增长过程的福利转化所存的限度问题进行经验分析。

通过计量检验，本书发现：每个国家的福利转化都存在显著的“阈值效应”，即对应于每一年份的 GDP 水平和福利转化效率，都存在一个促进福利转化的最优努力度，当达到这一努力程度时，经济增长与福利转化的耦合度最高，也即一国的社会经济和谐发展达到了最高水平。研究表明：在 1998 ~ 2012 年的观测期间内，中国都没有达到最优努力度，但是与世界其他国家相比，中国在这 15 年间促进福利转化的努力度与最优水平差距并不大。特别是 2010 年后，中国迅速提升了促进福利转化的努力程度，以至在 2012 年中国的实际努力度几乎接近了其最优水平。从本书设计的福利转化的“困难指数”看，与其他国家相比，中国目前能够较为容易地实现其最优努力度，这意味着中国能够较容易地达到本国社会经济和谐发展的最优状态。对于目前中国来说，一方面需要继续保持当前福利转化的良好态势，进一步促进经济增长与福利转化耦合性水平提高；另一方面也有必要警惕：曾经发生在拉美等国的“民粹主义”福利赶超行为在中国出现（樊纲、张晓晶，2008；陈昌兵，2009）。

第七章

高社会福利模式对经济增长的影响

从本书第五章中所测度的各国社会福利转化效率来看，具有高福利转化效率的国家，大多数都是实行“福利国家”政策，且较为富裕的发达国家，由此，一国所实施的高社会福利政策与其所具有的高福利转化效率（WB/EG）一般来说都是相互对应的。那么，在高社会福利模式下，一国所表现出来的高福利转化效率（WB/EG）是否能反作用于其要素生产效率（EG/EF），促进其提升，带动人均 GDP 迅速增长，从而实现整个戴利式的经济增长绩效提高呢？这是一个在学术界和民间都被广泛议论的话题。对这一问题，目前，学界形成了两大观点：第一种观点源自“二战”后早期所形成的凯恩斯主义和社会民主主义，该观点认为完善的社会保障和良好的福利待遇能够缓和阶级矛盾，从而能够提高工作积极性，促进经济增长。另一种观点产生于 20 世纪 70 年代所爆发的石油危机这一历史背景，石油危机使得当时西方国家陷入了前所未有的经济困境，在这一背景下，新自由主义者认为福利国家当初设计的高福利体制与已经变化了的社会实际情况产生了背离，高社会福利模式限制了自由市场经济，而由此导致的高税收政策使企业和成功者的税收成本过高，从而扼制了福利创造者的积极性，降低了个人积累，助长了懒惰，破坏了经济成长的动力和竞争力。新自由主义关于福利的观点可以说影响至深，特别是在2009~2011年期间，欧洲爆发了“主权债务危机”，这一事实使得人们普遍形成了“高福利不利于经济增长”的认识，更加倾向于接受新自由主义的福利观点。

从目前看，无论是上述哪一派观点，在论及“高社会福利模式对经济增长影响”时，都是从宏观角度，做一些定性的理论分析，所得结论明显缺乏数据的经验分析和支撑。鉴于此，本书打算从计量的角度对“高社会福利模式是否能够促进经济增长”这一问题进行量化分析。对此，本章在第一节中，将首先选取具有代表性的几类福利国家的一些指标来进行比较分析，从而能够为“高福利是否能够促进经济增长”这一问题提供一些直观认识。在第二节和第三节，本章将采用目前比较流行的政策评估计量方法，即倾向得分匹配法（propensity score matching，PSM）来深入地分析目前实行高社会福利的国家是否要比其在不实行高福利情况下更能促进经济增长。本章这三节分析对中国未来的社会福利发展模式选择，即是否实行高的社会福利模式，将会在数据经验分析上提供一些有用的证据。

第一节　高社会福利模式下经济增长的典型化事实

丹麦学者艾斯平·安德森在20世纪90年代根据社会劳动力非商品化程度和福利受益人社会地位分布范围这两个标准将资本主义福利国家的福利体制划分为三类：第一类是自由主义福利模式，第二类是法团主义福利模式，第三类是社会民主主义福利模式，这三类福利模式的特征具体如表7-1所示。

表 7-1 三类福利模式的特征和含义

福利模式	社会民主主义模式	自由主义模式	法团主义模式
代表国家	瑞典、挪威、芬兰	美国、英国、瑞士、加拿大、澳大利亚	法国、德国、希腊、西班牙、葡萄牙、意大利、奥地利、比利时
理念	实行社会民主主义，认同个人主义和社会权利平等	市场会消除不平等，政府过度干预会降低效率	认为保守主义，威权体制对于社会及个人是更好的选择
福利提供	国家提供广泛的社会公共服务	由市场提供，政府作为补充	国家安排与管理，自治联合的社团基金
福利特征	以社会民主主义为主要政治力量建立渗透个人生活各方面普遍福利国家、高税负、高福利补贴	补救型福利、低税收、低补贴，政策有利于促进市场竞争	由行业协会及互助会发展而来的半公共性质的社团主义。着眼于维护秩序及社会阶级地位

资料来源：作者整理。

艾斯平·安德森对福利体制的划分标准得到了学界广泛的认可，本书根据这一划分标准，选取三类福利体制中具有代表性的国家，分别在社会福利水平、就业率、经济增长率这三个指标进行比较分析，总结出高社会福利模式下的经济增长的一些典型化事实。实际上，目前学界关于“高社会福利是否能促进经济增长”这一问题所得出各种结论，基本上都来自本节下面所要总结的典型化事实。按照艾斯平·安德森的标准，本书选取的自由主义福利模式典型国家有：美国、英国。法团主义福利模式典型国家有南欧三国：希腊、西班牙、葡萄牙。社会民主主义福利模式典型国家有北欧三国：瑞典、芬兰、挪威。

（1）三类典型福利国家的社会福利水平比较。从图 7-1 看，三类典型福利国家的社会福利水平均远高于世界福利的平均水平，都属于高福利国家，其中北欧三国的福利水平最高，南欧三国的福利水平居中，实行新自由主义

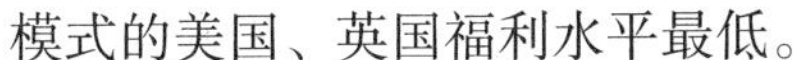
模式的美国、英国福利水平最低。

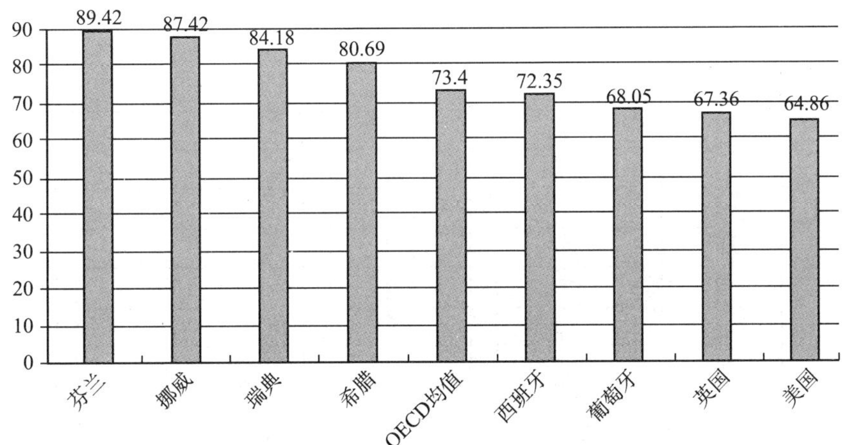

图 7－1 三类典型福利国家 1998～2012 年森理念社会福利指数均值

注：三类典型福利国家 1998～2012 年各年森理念社会福利指数具体见第三章第三节表 3－5。

（2）三类典型福利国家的就业率比较。新自由主义福利理论认为，在高社会福利模式下，工作不工作都一个样，会导致“养懒汉”的现象，然而结合图 7－1 和图 7－2 看，在具有较高社会福利水平的北欧国家中，除了芬兰的就业率略低于英、美两国外，挪威、瑞典的就业率水平都要明显高于实行新自由主义的美国、英国的水平，以及实行法团主义的南欧三国的就业率水平，而且远高于 OECD 国家的平均就业水平。从挪威、瑞典的情况看，显然，实行高福利政策是有利于提高劳动积极性的。但是，从美国、英国与南欧三国之间的福利和就业比较看，实行新自由主义模式的美、英两国福利水平要比南欧三国低，而就业率却反而比南欧三国高。这里反差最大的是希腊，其社会福利水平要高于 OECD 的平均水平，也要高于西班牙、葡萄牙以及英、美两国的水平；但是，希腊的就业率却是在本书选取三类典型国家中最低的。

希腊这一现象似乎在说明：新自由主义观点是对的，即高的社会福利会造成人们懒惰，人们宁愿拿着不是很低的失业救济补贴，也不愿意积极就业。

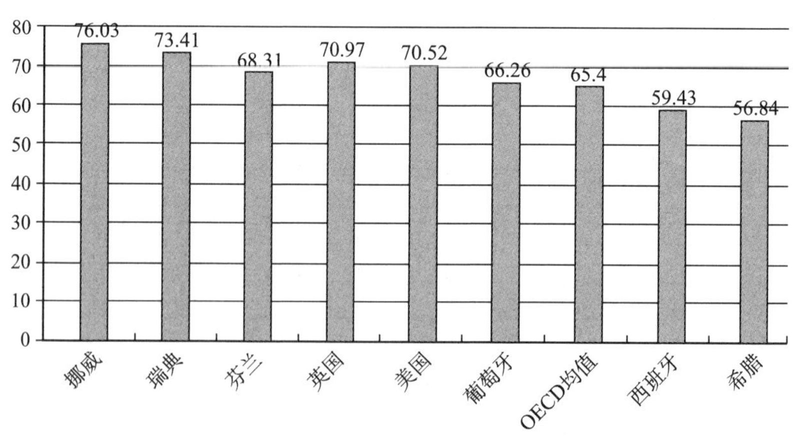

图7－2　三类典型福利国家1998～2012年平均就业率

（3）三类典型福利国家的经济增长率比较。结合图7－1和图7－3可知，除了挪威增长率仅高于希腊、葡萄牙以外，瑞典、芬兰在1998～2012年间的平均经济增长率在所列的8个典型福利国家中是最高的，并且两国的增长率都要高于OECD平均水平，总体来看，北欧国家较高福利表现出了较高的经济增长率。这一事实似乎在反驳新自由主义所认为的“社会福利越高越会损害一国经济增长”的观点。而当将实行新自由主义的美、英两国与实行法团主义的南欧三国在福利和经济增长率方面进行比较时，就会发现：福利水平比南欧三国要低的美国、英国，其在经济增长率方面却要明显高于南欧三国，而且这里反差最大的依旧是希腊，希腊的福利水平明显高于OECD平均水平，以及西班牙、葡萄牙、英国、美国的水平，但是希腊的经济增长率却几乎是最低的，位列倒数第二，仅高于葡萄牙。希腊的事实似乎又印证了新自由主义福利观点，即高的社会福利确实不利于经济增长，会降低一国的经济发展动力。

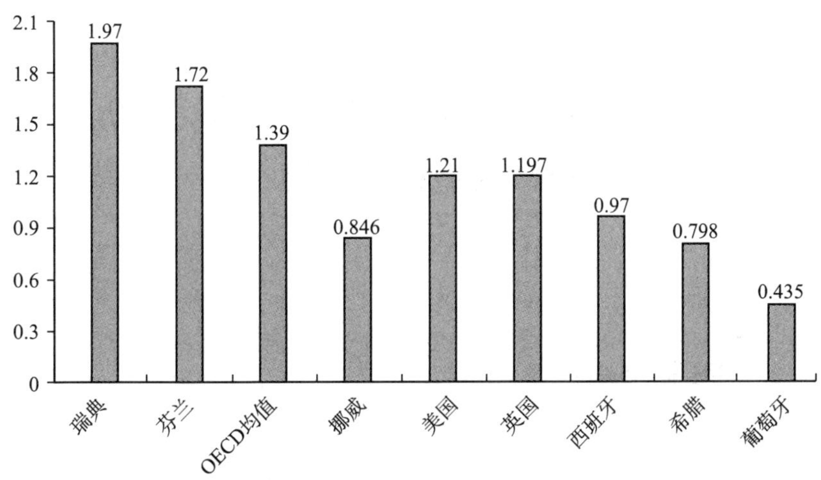

图 7－3　三类典型福利国家 1998～2012 年平均经济增长率

通过对三类典型福利国家在社会福利水平、就业率、经济增长率之间的比较，可以总结出两类截然相反的高福利下有关经济增长的典型化事实。一类典型化事实是北欧三国实行的社会民主主义福利模式，在这一模式下，北欧三国，特别是以瑞典为代表的国家长期保持着“高福利、高就业率、高经济增长”的局面，即这一典型化事实反映出高社会福利有利于经济增长。另一类典型化事实是来自美、英所实行的新自由主义福利模式与南欧三国所实行的法团主义福利模式比较，处于较低福利水平的英、美两国比具有较高福利水平的南欧三国呈现出了更高的就业率和经济增长率，这一典型化事实支持了新自由主义论断，即高福利不利于经济增长。上述这两个典型化事实，是目前学界及民众对“高福利是否有利于一国实现较高的经济增长水平”这一问题的认知来源，但是这两个典型化事实仅是建立在对一些典型国家和一些分散指标的对比分析上，还不具有统计上显著意义，因此本书将在下一节，运用目前较为流行的倾向得分匹配法（PSM）对“高福利是否有利于一国实现较高的经济增长水平”这一问题在计量上进行深入分析。

第二节　高社会福利对经济增长影响的PSM模型检验步骤

一、PSM模型构建

一般来说，一个国家是否实施高社会福利政策会具有一定的自我选择倾向，即会受到一国自身人均GDP水平、国民的教育程度、国家的开放程度、金融发展度等一系列因素影响。具体，以人均GDP为例，一国是因为选择高的社会福利政策，才进一步激发了其生产效率提高，使其表现出一个较高的人均GDP水平，还是因为一国比较富有，人均GDP水平比较高，而有能力去选择高的社会福利模式，这是一个很难说清楚的问题，因为大多数情况，这两者情况兼而有之。因此，本书认为一国的社会福利政策选择是具有内生性的，这是本书经验分析的关键性假设，这一假设也较为接近人们真实的认知。

根据这一假设，本书用虚拟变量 WN 代表一国是否实行高福利政策，$WN=1$ 为实行高社会福利政策，$WN=0$ 为实行低社会福利政策。按照 WN 的不同取值将全部样本国家分为两组，$WN=1$ 的样本国家称为处理组，$WN=0$ 的样本国家则称为控制组，样本国家具体分组如表7－2所示。

表 7－2　　控制组与处理组国家

类别	数量	国家
控制组（$WN=0$）	20	中国、巴西、印度、南非、玻利维亚、哥伦比亚、埃及、印度尼西亚、哈萨克斯坦、马来西亚、蒙古国、巴基斯坦、秘鲁、菲律宾、泰国、委内瑞拉、土耳其、墨西哥、智利、韩国
处理组（$WN=1$）	35	美国、英国、澳大利亚、奥地利、比利时、加拿大、捷克、丹麦、爱沙尼亚、芬兰、法国、德国、希腊、匈牙利、冰岛、爱尔兰、以色列、意大利、日本、卢森堡、荷兰、新西兰、挪威、波兰、葡萄牙、斯洛伐克、西班牙、瑞典、瑞士、俄罗斯、阿根廷、白俄罗斯、乌克兰、保加利亚

注：究竟哪些国家算是高福利国家，哪些国家算是低福利国家，其实并没有明确的划分依据，一般的常识是认为当社会性支出占 GDP 比至少要在 20% 以上时，一国才能够称之为高福利国家。本书在做分类时，也参考了这一依据；同时，本书也依据上述一些国家对外公布的社会经济发展情况，对处理组和控制组进行划分，如英国在 1946 年率先公布自己是福利国家，韩国对外明确宣称自己不是福利国家，俄罗斯、白俄罗斯、乌克兰至今实行的都是苏联的高福利体制，一般都被认为是高福利国家。

这里，本书用人均 GDP_{i1} 代表实行高社会福利政策国家的经济水平，用人均 GDP_{i0} 代表没有实行高社会福利政策国家的经济水平，本书所感兴趣的是一国实施高社会福利模式对其人均 GDP 影响的平均政策效果（ATT），即有

$$ATT=E[GDP_{i1}-GDP_{i0}\mid WN=1]=E[GDP_{i1}\mid WN=1]-E[GDP_{i0}\mid WN=1] \tag{7-1}$$

$E[GDP_{i1}\mid WN=1]$ 的含义为样本所有实行高福利政策国家的人均 GDP 平均值，$E[GDP_{i0}\mid WN=1]$ 的含义是对于那些实行高福利政策国家，如果它们没有实行高福利政策的人均 GDP 平均值。显然，式（7－1）中的第二项如果没有实行高福利政策的人均 GDP 平均值 $E[GDP_{i0}\mid WN=1]$ 是无法观察到的，是一种假设性的结果，即所谓的“反事实”观察值。通常的做法是用可

以观察到的没有实行高福利政策国家的人均 GDP 平均值 $E[GDP_{i0} \mid WN=0]$ 对 $E[GDP_{i0} \mid WN=1]$ 进行替代，并计算出相应的人均 GDP 差额：

$$E[GDP_{i1} \mid WN=1] - E[GDP_{i0} \mid WN=0] = ATT + BS \quad (7-2)$$

在式（7-2）中，$E[GDP_{i1} \mid WN=1] - E[GDP_{i0} \mid WN=0]$ 即为 ATT（平均政策效果）的估计值，BS 为选择偏误。

二、PSM 方法实施步骤

根据虚拟变量 WN 所划分好的处理组和控制组样本，实施 PSM 方法分为三步。

第一步，获得倾向值。本书采用 Logit 模型，假设随机变量的累积分布函数为“逻辑分布”（logistic distribution）的累积分布函数：

$$P(WN=1 \mid X) = F(X, \gamma) = \frac{\exp(X'\gamma)}{1+\exp(X'\gamma)} \quad (7-3)$$

式（7-3）中，X 是由一系列可能影响一国是否实行高社会福利政策的特征协变量所构成的向量，γ 为相应的参数向量。获得式（7-3）的参数估计值后，进一步通过模型预测得到样本国家实行高社会福利政策的概率 $P(WN=1 \mid X)$，即每个国家样本的 PS 值。采用概率模型预测得到的概率值总是为［0，1］，这保证了获得的 PS 值满足共同支持条件。

第二步，根据第一步得到的 PS 值，采用一种匹配算法为处理组中的一个国家在控制组中寻找与其匹配的样本集合。由于 PS 值是连续变量，在给定处理组 PS 值时，很难找到与之 PS 值相等的匹配组，所以一般一对一匹配并不太适用，而使用半径匹配、最邻近匹配法和核匹配来等方法进行匹配较为可行。

第三步，采用匹配样本估计高社会福利政策效果并计算标准差。基于前两步所得到的匹配样本，WN 的平均政策效应一般估计式为

$$\hat{ATT} = \frac{1}{N_1}\sum_{i\in(WN=1)}\left[GDP_{1i} - \sum_{j\in(WN=0)} w(p_i, p_j) \times GDP_{0j}\right] \tag{7-4}$$

在式（7－4）中，N_1 为实行高社会福利模式的国家个数，$w(p_i, p_j)$ 表示当用国家 j 的 GDP_{0j} 作为国家 i 的 GDP_{0i} 的替代时，对国家 j 的 GDP_{0j} 所赋予的权重，是 p_i 和 p_j 的函数。匹配样本 PS 与处理组成员的 PS 值越接近，权重越高。此外，保证 PSM 匹配方法有效（选择偏误较小）需要满足两个条件。第一，依条件独立性（conditional independence）。即控制了特征协变量 X 的情况下，潜在的经济增长与 WN 相互独立。第二，共同支持条件（common support）。对于给定的特征协变量 X，处理组和控制组国家实行高社会福利政策的概率处于（0，1），$0 < Pr(WN = 1 \mid X) < 1$。因此，还要进一步检验模型的匹配效果以及选择偏误的减少情况。

作为一种非参数估计方法，与参数形式的回归方法相比，PSM 的优点在于：①PSM 可以在没有函数形式和误差分布的任意假定下估计一项政策的平均影响，因而也可以检验潜在的复杂交互效果。②在样本使用上，PSM 的注意力限制在样本的匹配方面，舍弃不匹配的比较单位；而回归方法则使用完全样本，以完全样本为基础的效应估计相对于匹配样本基础上的估计来说偏差更大，稳健性更差。③在控制变量的选择上，在标准的回归方法中，人们在确定结果指标的预测值时优先考虑被认为是结果的外在因素的变量；在 PSM 中，人们期望找到能够影响所实行政策的外在变量（协变量），这也包括对结果不能很好预测的变量。以往文献表明，不能很好地预测结果的变量仍然能减少 PSM 中的估计偏差。

三、特征协变量选取与统计性描述

根据本书的研究目的，并基于相关文献研究（阿瑟·奥沙利文，2015；陆铭，2016），本书选择以下指标来作为PSM模型中影响一国是否实行高社会福利政策的特征协变量。

（1）城市化水平（*U*）。一般来说，城市化水平低的国家，大多数人口在农村，而农村可以依靠土地种植获得最基本的生活保障，加之，农村的文化水平也比较低，也没有太强的意识要求较为完善的社会福利提供，所以，城市化水平低的国家可能有较少的倾向选择高社会福利政策。而对于城市化水平高的国家来说，由于大多数人居住在城市，在城市中，人们缺少像农村一样的土地保障，所以出于社会稳定的需要，城市会提供比农村较为完善的社会福利；另外，城市的基础设施也比较完善，也有能力提供各项社会福利服务。所以城市化水平高的国家倾向选择实施高社会福利政策。

（2）贸易开放度（*Open*）。一国在贸易往来中，会增进对世界各国社会经济发展状况的了解，特别是，对于那些发展较好，社会福利提供较优越的国家，人们会产生羡慕和攀比心理，从而也会促使本国采取高社会福利的政策。阿根廷等国所实行的“民粹主义”福利赶超政策就是这一情形的典型代表。

（3）金融发展度（*FIN*）。一国的金融越发达，人们通过金融渠道获得的资金越容易，那么国民就越愿意通过信贷资金来改善自身的福利，实施高福利政策，这一情况最典型的国家就是希腊和美国。

（4）高等教育水平（*EDU*）。一般来说，教育水平越高，特别是，受过高等教育的人，他们越是看重自身所享受的福利待遇与其学识匹配程度，所以高学历的人一般都会追求较高的物质福利待遇；此外，受过高等教育的人也更有机会和能力影响一国当局在相关福利政策上的制定。所以，一国高等教育水平越高，越有可能实施高福利政策。

以上 4 个特征协变量的统计性描述如表 7 -3 所示。

表 7 -3　　控制组和处理组特征协变量的统计描述

变量	最大值		最小值		均值		标准差	
	控制组	处理组	控制组	处理组	控制组	处理组	控制组	处理组
城市化（*U*）	93.696	97.515	27.243	49.900	60.957	75.602	18.647	11.373
开放度（*Open*）	220.407	333.532	15.865	17.652	69.168	94.087	40.523	52.616
金融发展度（*FIN*）	201.577	349.027	8.696	14.975	72.876	115.638	46.962	66.848
高等教育水平（*EDU*）	101.759	97.371	2.353	8.994	33.332	61.438	19.907	16.111

第三节　社会福利对经济增长影响的 PSM 检验结果与分析

一、OLS 的估计结果

表 7 -4 给出了高社会福利模式影响一国经济增长（人均 GDP）的 OLS 估计结果。为了纠正可能的异方差，本书使用了胡伯 - 怀特 - 萨维奇（Huber - White - Sandwich）方法估计标准误。模型 1 是不加入一国特征的回归结果，在没有控制其他变量情况下实行高社会福利模式国家年经济增长水平即人均

GDP 要比非实行高社会福利模式国家多 245.46 个单位，且在 1% 水平上显著；在模型 2 中加入了时间虚拟变量后，这一结果并没有发生变化。而在模型 3 中引入城市化、开放度、金融发展度、高等教育水平后，实行高社会福利模式对一国人均 GDP 的影响下降至 150.06 的水平。在模型 4 考虑到时间效应后，这一效应进一步下降到 146.1。各控制变量的回归系数符号和显著性均符合预期，如城市化、贸易开发度、金融发展水平越高的国家经济增长水平也相应越高，与预期完全一致，而高等教育水平显著为负，这主要是由于：高等教育是个高投入的部门，高等教育对经济增长的促进作用可能会在未来显现出来，而对当期的经济增长可能就不会产生很大作用，甚至有可能会产生负作用。

表 7－4　　社会福利政策对经济增长的影响（OLS）

解释变量	模型 1	模型 2	模型 3	模型 4
社会福利政策（*WN*）	245.46*** (29.73)	245.46*** (29.57)	150.06*** (16.33)	146.10*** (15.07)
城市化（*U*）			3.41*** (13.91)	3.39*** (13.66)
开放度（*Open*）			0.61*** (5.05)	0.63*** (5.09)
金融发展度（*FIN*）			1.29*** (16.79)	1.30*** (16.66)
高等教育水平（*EDU*）			－0.88*** (－3.17)	－0.77*** (－2.63)
常数项	41.76*** (18.44)	33.42** (2.6)	－272.77*** (－15.63)	－284.14*** (－13.85)
时间效应	未控制	控制	未控制	控制
样本总数	825	825	825	825
adj. R^2	0.3962	0.3966	0.6497	0.6513

上述结果表明，高福利模式对一国实现高的经济增长水平具有显著的促进作用，在引入更多的控制变量后，这一结论仍成立。但 OLS 方法显然存在无法解决“自我选择问题”的缺陷，接下来，本书使用倾向性得分匹配方法（PSM），纠正 OLS 方法可能存在的估计偏差，以准确检验高社会福利模式对一国经济增长的影响。

二、估计倾向得分

根据倾向性得分匹配法（PSM）的步骤，首先估计倾向得分值，本书首先使用 logit 模型估计一国特征协变量对于实行高社会福利的可能性影响，即一国实行高社会福利模式的概率。模型的具体形式为：

$$WN_{it} = X_{it}\gamma + \varepsilon_{it} \tag{7-5}$$

其中，X 是一系列可能影响实行高福利模式的变量，即为城市化、开放度、金融发展度、高等教育水平，γ 是系数向量。WN 指标定义与前文一样。根据该模型估计的回归系数，可以得到在给定国家特征协变量的前提下，一国实行高社会福利模式的概率，其可作为下一步匹配所使用的倾向得分值。表 7－5 为 Logit 模型的具体回归结果。

表 7－5　　倾向分值的 Logit 模型估计

变量	系数	标准差	Z	$P>\|z\|$
城市化（U）	0.041***	0.008	5.03	0.000
开放度（$Open$）	0.019***	0.002	7.69	0.000
金融发展度（FIN）	0.011***	0.002	5.28	0.000
高等教育水平（EDU）	0.097***	0.008	11.62	0.000

续表

变量	系数	标准差	Z	$P>\|z\|$
常数项	-9.075***	0.825	-10.99	0.000
Log *likelihood*	-267.82411			
LR chi2（17）	545.90			
Prob > *chi2*	0.0000			
Pseudo R^2	0.5047			

三、PSM匹配与效果分析

由于本书的控制组个体并不是很多，所以不适于一对多匹配和核匹配，而一对一的*NN*匹配，则有可能会使所匹配控制组与处理组的倾向得分存在较大的差异，因此，本书主要采用半径匹配法，半径匹配法是给处理组与所要匹配的控制组之间的差距设置一个“门槛”ε，一般有$\varepsilon \leqslant 0.25\sigma_{pscore}$，其中$\sigma_{pscore}$为倾向得分的样本标准差，然后按处理组个体与控制组个体之间差距的绝对值小于等于ε的原则去寻找要匹配的控制组个体。表7-6为半径匹配结果。

表7-6　　　　倾向得分匹配的处理效应（半径匹配）

处理效应	处理组	控制组	差距	标准误	*T*检验值
匹配前	287.213	41.756	245.456	10.643	23.06
ATT	287.213	94.887	192.325	11.740	16.38

从表7-6可以看出，经过倾向性得分匹配后的处理组的平均处理效应达到192.325，且*T*检验值在1%的水平上显著，这一数值明显低于OLS估计的

245.456的结果，即在解决了“自我选择”的内生性问题后，高社会福利模式对经济增长的促进作用仍然达到192.325，表明实行高社会福利的国家由于其所实行的高福利政策确实要比其不实行高福利更能促进经济增长。

依据斯密和托德（Smith & Todd，2005）的研究，本书通过计算配对后处理组与控制组基于各特征协变量的标准偏差（standardized bias）进行匹配平衡性检验。处理组国家与控制组国家基于匹配变量GDP的标准偏差为

$$\text{bias}(x) = \frac{\dfrac{100}{N_1}\sum\limits_{i\in(WN=1)}\left(GDP_{1i} - \sum\limits_{j\in(WN=0)} w(p_i, p_j) \times GDP_{0j}\right)}{\sqrt{\dfrac{Var_{i\in(WN=1)}(GDP_{1i}) + Var_{j\in(WN=0)}(GDP_{0j})}{2}}} \tag{7.6}$$

标准偏差的值越小，可认为模型匹配效果越好。一般认为只要标准偏差的绝对值小于20就不会引起匹配的失效（Rosenbaum & Rubin，1985）。为进一步检验匹配的效果优劣，在计算匹配变量标准偏差的同时，对处理组和控制组企业匹配变量的均值进行*T*检验，以判断二者是否存在显著差异，如果没有统计上的显著差异则可认为匹配效果满足要求。

依照标准偏差和匹配后的处理组和控制组的匹配变量的要求，从表7－7可以看到：除了金融发展度外，其他三个匹配变量的标准偏差的绝对值均显著小于20，从总体看，配匹之前的Pseudo R^2 值为0.427，要远大于配匹之后的Pseudo R^2 值0.038，因此，总体来说，匹配变量的选取是适合的，平衡性检验获得通过，半径配对的估计具有可信性。

表7－7　　　　匹配平衡性检验

匹配变量	样本	处理组均值	控制组均值	偏差	偏差减少	*T*检验概率
城市化（*U*）	未匹配	75.602	60.957	94.8	—	0.000
	匹配	75.602	78.047	－15.8	83.3	0.002

续表

匹配变量	样本	处理组均值	控制组均值	偏差	偏差减少	*T* 检验概率
开放度（*Open*）	未匹配	94.087	69.168	53.1	—	0.000
	匹配	94.087	98.851	-10.1	80.9	0.160
金融发展度（*FIN*）	未匹配	115.64	72.876	74.0	—	0.000
	匹配	115.64	96.737	32.7	55.8	0.000
教育水平（*EDU*）	未匹配	61.438	33.332	155.2	—	0.000
	匹配	61.438	62.508	-5.9	96.2	0.394
Pseudo R^2	未匹配	0.427				
	匹配	0.038				

四、PSM 模型稳健性检验

为了验证 PSM 模型的稳健性，本书也尝试采用了不同的匹配方法来验证实施高社会福利政策的处理效应（*ATT*），具体有 Kernel 匹配法、NN 匹配法、马氏匹配法、样条匹配法。具体结果如表 7-8 所示。

表 7-8　不同匹配方法的稳健性检验

匹配方法	处理组	控制组	*ATT*	标准差	*T*
半径匹配	287.213	94.887	192.325	11.740	16.38
NN 匹配	287.213	88.808	198.404	12.250	16.20
Kernel 匹配	287.213	99.198	188.015	10.963	17.15
马氏匹配	287.213	58.490	228.722	7.255	31.53
样条匹配	287.213	99.855	187.357	8.704	21.53

从结果来看，Kernel 匹配法、NN 匹配法、马氏匹配法、样条匹配法所得

出的结果相似，也都支持实行高社会福利政策要比不实行高福利更能有利于一国达到较高的经济增长水平，而且都减轻了匹配前的高估问题。同时，也可以看到五种匹配方法下的 *ATT* 估计值最大为 228. 722，最小为 187. 357，这说明：在控制一些影响因素后，高福利政策至少可以使高福利国家的人均 GDP 比不实行高福利情况下提高 187. 357 个单位，这个水平最高可达到 228. 722。

第四节 本 章 小 结

在本章第一节中，首先根据艾斯平・安德森对福利体制的划分标准，选取三类福利体制中的典型国家，分别在社会福利指数、就业率、经济增长率这三个指标进行比较分析，总结出两类截然相反的高社会福利模式对经济增长影响的典型化事实。第一类典型化事实是北欧三国实行的社会民主主义福利模式，在这一模式下，北欧三国，特别是以瑞典为代表的国家长期保持着“高福利、高就业率、高经济增长”的局面，这一典型化事实反映出的是：高的社会福利有利于经济增长。另一类典型化事实是来自美、英所实行的新自由主义福利模式与南欧三国所实行的法团主义福利模式比较，处于较低福利水平的英、美两国比具有较高福利水平的南欧三国呈现出了更高的就业率和经济增长率，这一典型化事实支持了新自由主义论断，即高福利不利于经济增长。上述这两个典型化事实，是目前学界及民众对“高福利是否能促进高的经济增长”这一问题的认知来源，但是这两个典型化事实仅是建立在对一些典型国家和一些分散指标的对比分析上，还不具有统计上显著意义，因此，本章第二节，进一步运用目前较为流行的政策评估方法，即倾向得分匹配法（PSM）对“高社会福利是否能带来更高的经济增长水平”这一问题在计量上进行深入分析。通过对全球55个国家1998～2012年的面板数据分析，本研究发现：在控制了样本选择偏误前提下，高社会福利模式对经济增长仍具有显著影响，实行高社会福利国家的经济增长水平要明显高于其不实行高福利情况下的经济增长水平。因此，基于PSM法，本书倾向支持第一类典型化事实，即高社会福利有利于经济增长，能够促进一国人均GDP也即生产率的提高。

第八章

研究结论和政策建议

第一节 研究结论

本书基于森的理念和戴利的经济增长绩效思路，分别运用动态因子法（DFA）、随机前沿法（SFA）、倾向得分匹配法（PSM）等计量分析手法，从跨国的视角，对世界55个主要国家的福利转化状况进行全方位的比较分析，从而为分析和判断中国的福利转化水平在世界范围所处的发展状况提供了多角度、全新的参考依据，本书的主要结论及启示如下。

第一，根据运用动态因子法（DFA）对世界55个主要国家基于森理念的福利指数进行测算的结果，本研究发现：从福利的绝对水平看，基于森理念的中国社会福利水平与发展中国家、发达国家、世界全样本国家的福利水平绝对差距在1998～2012年整个观测期间要明显小于基于庇古理念的中国福利水平与上述各类型国家的福利水平绝对差距。从福利的增长速度看，基于森理念的中国福利指数在1998～2012年的观测时期，大体呈现出三个阶段：第一个阶段为1998～2003年，这一阶段中国社会福利水平总体是下降的，增长速度为负；第二个阶段为2003～2010年，中国社会福利水平在这一阶段呈现上升状态，但增速缓慢；第三个阶段为2010～2012年，中国社会福利水平呈现出迅速上升的状态。而从基于庇古理念的中国福利水平来看，中国的福利在整个观测期内，虽然总体一直处于上升状态，但增长速度极为缓慢。对比森理念和庇古理念的中国福利指数的平均增长速度，总体来看，森理念的福利平均增长速度要明显地大于庇古理念的福利增长速度，这反映出中国在医疗、教育、社会保障等方面的福利发展速度要明显快于其以消费所代表的福利增长速度。从中国与世界各国福利的发展趋势来看，基于森理念的中国福利水平从2001年开始与发达国家、发展中国家、世界全样本国家的福利水平差距呈现出不断缩小的趋势，中国的福利水平表现出“追赶”上述各类型国家的状况，即基于森理念的中国福利水平表现出的是一种进步状态。而基于庇古理念的中国福利水平，其增长速度要明显慢于发达国家、发展中国家、世界全样本国家的福利增长速度，从而使得基于庇古理念的中国福利水平与上述各类型国家的福利水平总体差距越来越大，这说明庇古理念的中国福利水平表现出来的是一种落后状态。上述基于森理念和庇古理念的福利发展状况的比较，实际反映出：森理念的福利水平与庇古理念的福利水平在变化趋势上具有截然不同的特征，而传统的庇古福利理念由于过度的关注商品及其效用已广为受到批判。因此，从政策含义来讲：如果采用庇古福利理念制定福利政策可能会在方向上产生根本性的误导，而基于森理念来制定福利政策，则可能更具有正确的导向意义。

第二，在已测得的森理念的福利指数基础上，本书根据戴利的经济增长绩效思路，运用随机前沿方法（SFA）进一步测算了世界55个主要国家的福利转化效率，同时，本书引进了物理学中的耦合度模型，对世界55个主要国家的经济增长与社会福利之间的耦合度水平、发展度水平、协调度水平分别进行测度。在此之后，本书根据所测度的福利转化效率和耦合度这两个指标，来检验经济增长过程中福利转化可能存在的“阈值效应”。上述的研究内容包含在第四章至第六章，其研究目的主要是分析判断：与世界各国相比，中国的福利水平相对其自身的经济增长水平是否得到充分有效的转化。首先，从福利转化效率的测算结果看，发展中国家福利转化效率要普遍低于发达国家的福利转化效率，中国福利转化效率的均值仅为0.363，明显低于世界的0.676的平均水平，在世界55个主要国家排名中仅位列第43。不过，与世界其他国家相比，清廉投入能使中国的福利转化效率得到显著的改善，因此，中国有必要进一步加大反腐廉政建设的投入力度。从经济增长与福利转化的耦合度研究来看，与发达国家、发展中国家、世界全样本国家相比，中国的耦合度水平是最低的，但上升速度最快，其值从1998年的0.025上升到2012年的0.131。中国的耦合度水平比较低，既有来自发展度方面的原因，也有来自协调度方面的原因。首先，由于中国的经济增长水平比较低，所以导致了其福利转化的水平也比较低，从而社会经济整体发展度比较低。同时，还有一个更为重要的原因：中国的经济增长水平即便是相对于维持中国现在这样一个较低的社会福利水平来说，也是非常的不足，即社会福利与经济增长的比值非常大，从而使得中国的经济增长与福利转化的协调度也非常低，所以，在发展度和协调度两者共同作用下，中国的经济增长与福利转化的耦合度最终呈现出一个比较低的水平状态。

由于中国的福利转化效率比较低，同时，经济增长承受的社会福利压力也比较大，所以，可以想象：中国进一步提高其社会努力程度来促进福利转化的空间余地并不大，对此，本书通过采用静态随机效应模型对世界55个主要国家福利转化的“阈值效应”进行验证，以期为解决中国的福利转化限度问题提供一个精准的实证分析。通过计量检验，本书发现：每一个国家相对于每一年的GDP水平和福利转化效率，都存在一个促进福利转化的最优努力度，当达到这一努力程度时，经济增长与福利转化的耦合度最高，也即一国的社会经济和谐发展达到了最高水平。我们的分析表明，中国在1998～2012年的观测期间内都没有达到福利转化的最优努力度，但是与世界其他国家相比，中国在这15年间促进福利转化的努力度与最优水平差距并不大。特别是2010年后，中国迅速提升了促进福利转化的努力程度，以至在2012年中国的实际努力度几乎接近了其最优水平。上述的计量结果实际在说明：中国进一步提升本国的福利空间并不大了，虽然目前中国用来促进福利转化的社会努力度已使本国的耦合度也即社会经济和谐发展程度几乎接近了一个最优状态，但是这种最优状态是一个低水平的最优状态，是建立在一个比较低的人均GDP水平和比较低福利转化效率水平上的，这种低水平的福利转化最优状态是一种不可持续的状态。因此，要想使中国的福利转化水平得到进一步提高，最关键的在于：提高中国的福利转化能力，即福利转化的最优社会努力度，从本文的研究对象来说，就是要实现“戴利式”的经济增长绩效提升，即提高人均GDP水平（这相当于要素的生产效率EG/EF）和福利转化效率WB/EG，特别是当一国人均GDP水平处在一个比较低的状态时，重点是从制度层面想尽办法来提高一国的福利转化效率。

第三，根据艾斯平·安德森对福利体制的划分标准，本书选取三类福利体制中的典型国家，分别在社会福利指数、就业率、经济增长率这三个指标进行比较分析，总结出两类截然相反的高社会福利模式对经济增长影响的典型化事实。第一类典型化事实是北欧三国实行的社会民主主义福利模式，在这一模式下，北欧三国，特别是以瑞典为代表的国家长期保持着“高福利、高就业率、高经济增长”的局面，这一典型化事实反映出的是：高的社会福利有利于经济增长。另一类典型化事实是来自美、英所实行的新自由主义福利模式与南欧三国所实行的法团主义福利模式比较，处于较低福利水平的英、美两国比具有较高福利水平的南欧三国呈现出了更高的就业率和经济增长率，这一典型化事实支持了新自由主义论断，即高福利不利于经济增长。上述这两个典型化事实，是目前学界及民众对“高社会福利是否有利于一国实现较高的经济增长水平”这一问题的认知来源，但是这两个典型化事实仅是建立在对一些典型国家和一些分散指标的对比分析上的，还不具有统计上的显著意义，因此，本书进一步运用目前较为流行的政策评估方法，即倾向得分匹配法（PSM）对“高社会福利是否有利于一国实现较高的经济增长水平”这一问题在计量上进行深入分析。研究结果表明：在控制了样本选择偏误前提下，高社会福利模式对经济增长仍具有显著影响，实行高社会福利国家的经济增长水平要明显高于其不实行高福利情况下的经济增长水平，因此，基于PSM法，本书倾向支持第一类典型化事实，即高社会福利有利于经济增长，能够促进一国人均GDP和生产率的提高。根据第四章所测度的各国福利转化效率，可以发现：高的社会福利模式一般都与高的福利转化效率相互对应，因此，从戴利的经济增长绩效理论上讲，一国实行高的社会福利政策，不仅本身能够促进实现高福利转化效率，而且还能带动要素生产效率的提高，从而能够实现戴利式的经济增长绩效整体提升。对于中国目前发展来说，中国是一个快速崛起的国家，中国人均GDP水平最终将步入世界高水平国家行列，在这一发展过程中，中国的一些发达城市和地区，一些行业，已首先达到了较高的人均GDP水平状态，因此，对于这些地区和行业，有必要因地制宜地先行试点高的社会福利政策，以促进它们的生产效率进一步提升。

第二节 政策建议

目前，以中国为代表的广大发展中国家福利水平是比较低的，而提高一国的社会福利水平，如本章第一节所述，关键在于提高其福利的转化能力，即一方面要不断地增强自身的经济发展水平；另一方面，要不断提高福利转化效率，其中福利转化效率作为一个国家福利制度综合属性的反映，无论是对处于何种经济发展阶段的国家都具有“四两拨千斤”的作用。对于人均GDP水平较低的国家来说，通过提高福利转化效率，可以节省用于投入民生福祉建设的资源，从而将更多的资源投入到经济建设上来，这不仅可以减缓本国当时的经济发展压力，而且最终还可以增强经济对社会福利的支撑力。而当人均GDP增长到一个高水平时，一国适度地提高本国福利水平，因地制宜地实行高社会福利政策，即提高福利转化效率，可以进一步地带动要素生产效率提高，从而实现戴利式的经济增长绩效整体提升。总体来说，福利转化效率作为一种制度因素，在促进社会福利发展方面，可以达到事半功倍的效果，可以解决单纯依靠经济增长在短时间内所不能解决的问题，鉴于此，本文主要围绕如何促进中国福利转化效率的提升着重在制度层面上提出几点政策建议。具体如下：

（1）树立“社会投资”理念，建立预防型的社会福利体制。

“社会投资”理念是指通过增加全社会的人力和社会资本，增强人们目前和未来的技术和能力，从而让人们储备具有预防或者对抗其人生可能经历的各种风险能力，使其在需要的时候能够发挥出来（潘屹，2013）。社会投资主要涉及对劳动力投资和社会服务，以及与社会政策相关的一些其他领域。

丹尼尔·珀金斯（Daniel Perkins）认为社会投资的目标是超越现有的以再分配和基于消耗形式的、以利益和权利为中心的社会福利，它是一种通过对人力资本的投资，增强人们参与社会能力的福利体制。所以，可以说：基于“社会投资”理念的社会福利政策与传统的社会福利政策具有明显不同，传统的社会福利政策如凯恩斯主义、新自由主义福利政策是被动的来应对社会风险，它主要是对总需求进行管理，通过转移支付、规范社会保障形式来提高劳动者收入以及购买力，但是不能改变劳动者的现有利益分配处境，只能防止他不会变得更糟。而基于“社会投资”理念的社会福利政策是一种供给管理，是一种积极的预防性社会福利，它通过提供社会服务，解决劳动者照顾家庭的后顾之忧；如通过就业培训，提高劳动者的竞争力；通过鼓励劳动者流动，让雇主方便雇佣和解雇员工，总之，是在事先通过各种积极的措施，来力图促进就业和经济增长。因此，可以说，基于“社会投资”理念的社会福利政策不是要用单纯的福利体制来补偿贫困者的“需要”，而是要建立起一种“投资”方式，用福利体制来推动人力资本的提高，鼓励更高的营养水平，更高的身体素质和知识能力水平。目前，北欧国家是实施社会投资政策的典型。通过北欧国家的实践表明，基于社会投资理念的社会福利体制与经济增长不仅是兼容的，而且能够更好地相互促进（米什拉，2003）。

总的来说，基于“社会投资”理念的预防型社会福利政策，其实施效果具有以下几个优点。第一，能够促进劳动者素质提高，使其较好地应对产业转型，最大程度地扩大就业率。随着中国经济进入“新常态”，大量劳动密集型的制造业逐渐从国内转移到东南亚等发展中国家，这造成低技能劳动力出现大量失业现象，而在社会投资政策下，劳动者可以将失业看作一次对其再培训的机会，参加由政府主导的各种培训计划，提升低端劳动力的技能，使之能尽快胜任新产业的工作需求。第二，有助于消除两极分化，有利于低收入阶层向上流动。在新自由主义以及凯恩斯主义福利政策下，当劳动者进入到一个低技术、低工资的部门就业后，可能一辈子就从事这种低技能的工作，这是因为政府很少会对就业者进行再培训，虽然雇主可能对就业者进行培训，但这种培训是基于企业的利益最大化，而不是员工的职业生涯发展。而在社会投资政策下，劳动者通过政府组织的、开放的、终身学习的教育体系以及职业训练，就可能获得高水平的劳动技能，从而使个人有可能脱离低技术、低工资的就业部门，获得到更好的发展。第三，有利于促进社会服务业的蓬勃发展。一个完善的社会投资制度将涉及六大方面：儿童福利，残疾人福利，老年人福利，贫困人口福利以及医疗保险和社会救助，这必将催生一个巨大的社会服务市场，需要大量的社会企业和千百个社会服务人员，这是一个巨大的现实内需。欧洲的 OECD 国家就业人员大约有 8% 从事社会服务工作，按照我国城乡就业人员 8% 计算，就应有 1 亿多人从事社会服务工作，因此，社会投资政策的实施将会使中国未来需要几千万名社会服务工作者，使中国的社会服务业处于蓬勃发展期。

（2）要推进社会福利的社会化改革，积极支持多元化社会力量兴办社会福利事业，使之成为社会福利的重要提供者。

中国目前仍然是一个发展中国家，在资源有限的前提下，政府的财政显然不具备足够的实力来独自承担起广泛的社会福利保障，然而，中国长期以来实行的却是国家和集体包办的社会福利体制，其主要是以城镇职工福利为核心，主要涉及民政福利和价格补贴两大方面。这种体制对维系一定历史时期下的整个社会稳定起到了不可忽视的作用，但也存在着明显弊端，即一直以来，中国社会福利机构少，服务水平低、社会福利在城乡之间和部门之间分享不公平，难以满足人民群众对福利服务需求日益增长的需要。因此，在新的时期，政府就需要在社会福利提供方面积极转变职能，树立起“小政府，大社会”的理念，大力支持各种社会力量兴办社会福利，形成政府和全社会共同承担社会福利的格局。对此，美国、北欧等发达国家在社会福利事业中引入非政府组织（NGO）的做法，为我们提供了一种良好的思路。具体来说，引入非政府组织（NGO）来兴办社会福利事业，主要优点体现在以下两个方面。第一，能够有效弥补“政府失灵”。政府在提供社会福利服务时一般面临着诸多限制，其中最重要的就是有限的财政预算，因此不得不在提供公共服务的种类及数量上仔细考虑和精心选择。政府只选择那些能赢得公众广泛支持的服务，这意味着还有一些服务尽管有部分公众需要，但由于得不到普遍支持，未能纳入政府服务的范围，致使部分民众对于某一特定社会福利的需要未能得到满足，但是，非政府组织（NGO）的出现，可以填补这一空隙。第二，可以降低兴办社会福利的成本。如果一项社会福利服务，由政府部门承担，根据法律规定，它必须至少向工人支付与市场平均水平相等的工资。但是，非政府组织拥有许多志愿者，而且给带薪雇员支付的工资水平能够不受法律的限制，可以低于市场平均水平。此外，非政府组织还可以为自己提供的社会服务寻找相应的捐赠。这些都使得非政府组织提供的社会福利要相对于政府来说所花费的成本要少。因此，当政府部门面临增加社会福利的压力，但又不想增加纳税人的负担时，最好的办法就是将社会服务转交给非政府组织来承办。

综上所述，非政府组织的发展壮大将对中国的公共福利制度改革以及对公共福利机构效率的提高和整个社会福利水平的提升，都有着不可替代的作用。因此，在政策上，需要为非政府组织（NGO）的发展创造一个良好的法律和社会环境，一方面，应尽快地完善有利于非政府组织发展的监管体制，特别是，首先要对非政府组织目前所施行的双重管理体制进行改革，从而使中国的非政府组织真正地能够表现出自治性、志愿性、非政治性的特点（王名、贾西经，2002；岳经纶、郭英慧，2013）。另一方面，政府在财政上要加大对非政府组织的支持力度，应将非政府组织作为政府采购的重点对象，同时要完善对非政府组织的税收优惠政策，对其公益捐赠行为要实行一定合理的税收减免。总之，应采取各种积极措施来促进非政府组织机构在中国的发展。如果中国的社会福利机构最终能够形成以公助民办、官民融合组织为主体，以少数公办和民办组织为补充的格局，那么，在统筹规划的合理布局下，相信中国的社会福利事业必将得到高效、公平、快速的发展。

（3）尽快建立与中等经济发展水平相适应的普惠型社会福利制度。

与国际相比，长期以来，中国的社会福利实际上是一种“狭义”的社会福利，主要是以孤儿、贫困残疾人、体制外三无人员和重点优抚人员为覆盖对象，因此，中国的社会福利制度是一种低水平的补救型社会福利制度。这种社会福利制度是基于过去人均 GDP 水平在 1000 美元以下的国情，从当时“人口多，底子薄”的现实出发而形成的。然而，随着中国经济迅速崛起，中国的经济已发生质的变化，在 2014 年，中国人均 GDP 已达到 7485 美元，根据世界银行的划分标准，中国已经由低收入国家跃升至世界中等偏上收入国家行列。这就意味着中国各阶层民众对社会福利制度的发展会提出更多、更高、更新的要求，在此背景下，我国政府对社会福利的认知和管理方式都必须要与时俱进，中国的社会福利制度建设急需转型。从国际经验看，当国际社会达到中等收入发展水平时，都会开始着手建立多层次、全方位的、普惠型现代社会福利体制。英国在 1908 年人均 GDP 只有几百美元时，就开始颁布《养老金法》，对 70 岁以上没有退休金的老年人一律发放养老金。1948 年，在人均 GDP 还不到 1000 美元时，英国宣布建成从摇篮到坟墓的福利国家；日本在 1965 年的人均 GDP 是 1071 美元，但早在 1947 年就通过了《儿童福利法》，1951 年颁布《社会福利事业法》，1957 年就设置老人年金和母子年金制度，1961 年就建立了全民医疗保险制度；印度目前人均 GDP 仅为 900 多美元，但他们早已实行全民医疗免费和教育基本免费的制度。至于各国的儿童福利、残疾人福利、老年人福利，都是在人均 GDP 为 1000 美元的发展水平时期就已经建立，而且福利制度都建立了十分具体和详细的项目，如法国的社会福利制度就有 422 项之多（王振耀，2008）。

与以上国际经验相比，中国目前的社会福利制度建设要远远落后于其经济发展水平，中国在 2017 年人均 GDP 达到 8836 美元[①]，完全具备能力和条件大力发展社会福利事业。其他国家在人均 GDP 为 1000 美元时能办到的事情，中国目前没有理由办不到，对此，相关机构和部门要有深刻的认识和危机感，中国应尽快地完善和健全一系列社会福利制度，加快制定各项社会福利事业基本法，比如《社会福利法》《儿童福利法》《老年人福利法》《残疾人福利法》《妇女福利法》（郑功成，2011；郑秉文，2013），只有在完善的制度保障下，公民才能充分享有该有的福利权利，相关的福利事业和组织单位才能得到迅速、蓬勃的发展，中国的社会福利才能从目前低水平状态逐步向着具有较高层次的教育、住房、卫生和就业服务这些尚未涉及的社会福利领域发展，中国的国民才能获得全方位，有保证的高质量生活（武剑、林金忠，2015）。

① 数据源于 2018 年中国国家统计局发布的《2017 年国民经济和社会发展统计公报》。

参考文献

［1］阿玛蒂亚·森:《贫困与饥荒——论权利与剥夺》，商务印书馆2001年版。

［2］阿玛蒂亚·森:《集体选择与社会福利》，上海科学技术出版社2004年版。

［3］阿玛蒂亚·森:《论经济不平等——不平等之再考察》，社会科学文献出版社2006年版。

［4］庇古:《福利经济学》，上海财经大学出版社2009年版。

［5］陈诗一、张军:《中国地方政府财政支出效率研究：1978－2005》，《中国社会科学》2008年第4期。

［6］陈昌兵:《“福利赶超”与“增长陷阱”》，《经济评论》2009年第4期。

［7］钞小静、惠康:《中国经济增长质量的测度》，《数量经济技术经济研究》2009年第6期。

［8］钞小静、任保平：《中国经济增长质量的时序变化与地区差异分析》，《经济研究》2011 年第 4 期。

［9］樊纲、张晓晶：《“福利赶超”与“增长陷阱”：拉美的教训》，《管理世界》2008 年第 9 期。

［10］方福前、吕文惠：《中国城镇居民福利水平影响因素分析——基于阿马蒂亚·森的能力方法和结构模型》，《管理世界》2009 年第 4 期。

［11］高进云、乔荣锋、张安录：《农地城市流转前后农户福利变化的模糊评价——基于森的可行能力理论》，《管理世界》2007 年第 6 期。

［12］哥斯塔·埃斯平－安德森：《福利资本主义的三个世界》，商务印书馆 2010 年版。

［13］高帆：《中国经济增长的“道”与“义”》，《学术研究》2011 年第 4 期。

［14］胡怀国：《从新古典主义到阿马蒂亚·森的能力方法》，《经济学动态》2010 年第 10 期。

［15］黄瑞芬、王佩：《海洋产业集聚与环境资源系统耦合的实证分析》，《经济学动态》2011 年第 2 期。

［16］贾智莲、卢洪友：《财政分权与教育及民生类公共品供给的有效性——基于中国省级面板数据的实证分析》，《数量经济技术经济研究》2010 年第 6 期。

［17］李特尔：《福利经济学评述》，商务印书馆 1980 年版。

［18］逯进、陈阳、郭志仪：《社会福利、经济增长与区域发展差异——基于中国省域数据的耦合实证分析》，《中国人口科学》2012 年第 3 期。

［19］刘长生、郭小东、简玉风：《社会福利指数、政府支出规模及其结构优化》，《公共管理学报》2008 年第 3 期。

[20] 林伯强、杜克锐：《要素市场扭曲对能源效率的影响》，《经济研究》2013 年第 9 期。

[21] 陆南泉：《关于俄罗斯腐败问题的评析》，《俄罗斯学刊》2011 年第 2 期。

[22] 联合国开发计划署：《2014 人类发展报告：促进人类持续进步——降低脆弱性，增强抗逆性》，http：//www. cn. undp. org。

[23] 李稻葵、张双厚：《欧洲债务危机：预判与对策》，《经济学动态》2010 年第 7 期。

[24] 米什拉：《资本主义社会的福利国家》，法律出版社 2003 年版。

[25] 唐晓华、张欣钰、李阳：《中国制造业与生产性服务业动态协调发展实证研究》，《经济研究》2018 年第 3 期。

[26] 唐齐鸣、王彪：《中国地方政府财政支出效率及影响因素的实证研究》，《金融研究》2012 年第 2 期。

[27] 潘屹：《社会福利制度的效益与可持续》，《社会科学》2013 年第 12 期。

[28] 王名、贾西经：《中国 NEO 的发展分析》，《管理世界》2002 年第 2 期。

[29] 王振耀：《社会福利制度亟待转型》，《社会福利》2008 年第 11 期。

[30] 武剑：《基于 ESDA 和 CSDA 的京津冀区域经济空间结构实证分析》，《中国软科学》2010 年第 3 期。

[31] 武剑：《基于 SPA 的广东省区域经济脆弱性及障碍因素研究》，《经济地理》2012 年第 9 期。

[32] 武剑、林金忠：《马克思主义空间政治经济学：研究进展和中国启

示》，《江苏社会科学》2013 年第 6 期。

［33］武剑、林金忠：《经济增长的福利转化效应：中国与世界比较》，《数量经济技术经济研究》2015 年第 8 期。

［34］武剑、谢伟：《中国证券公司多元化战略的“阈值边界效应”研究》，《中央财经大学学报》2018 年第 7 期。

［35］杨永恒、胡鞍钢、张宁：《基于主成分分析法的人类发展指数替代技术》，《经济研究》2005 年第 7 期。

［36］尹奇、马璐璐、王庆日：《基于森的功能和能力福利理论的失地农民福利水平评价》，《中国土地科学》2010 年第 7 期。

［37］岳经纶、郭英慧：《社会服务购买中政府与 NGO 关系研究》，《东岳论丛》2013 年第 7 期。

［38］余永定：《从欧洲主权债务危机到全球主权债务危机》，《国际经济评论》2010 年第 6 期。

［39］袁方、史清华：《不平等之再检验：可行能力和收入不平等于农民工福利》，《管理世界》2013 年第 10 期。

［40］诸大建：《作为可持续发展的科学与管理的生态经济学——与主流经济学的区别和对中国科学发展的意义》，《经济学动态》2009 年第 11 期。

［41］张伟：《经济福利测度：理论分析和中国经验研究》，博士学位论文，华中科技大学，2010 年。

［42］郑功成：《中国社会福利改革与发展战略：从照顾弱者到普惠全民》，《中国人民大学学报》2011 年第 2 期。

［43］赵传君：《对俄罗斯腐败问题的深入思考》，《俄罗斯东亚中欧研究》2012 年第 1 期。

［44］周伟：《经济福利核算的理论及其指标研究》，博士学位论文，清

华大学，2013 年。

[45] 郑秉文：《历史新起点：建立“更可靠的社会保障”》，《中国社会保障》2013 年第 1 期。

[46] 阿瑟·奥沙利文：《城市经济学（第 8 版）》，北京大学出版社 2015 年版。

[47] 陆铭：《大国大城：当代中国的统一、发展与平衡》，上海人民出版社 2016 年版。

[48] Valerie, Illingworth., *The penguin dictionary of physics*, Beijing: Foreign Language press, 1996.

[49] Daniel Perkins, Lucy Nelms, Paul Smyth, “Beyond Neo-liberalism: the Social Investment State?” *Social Policy Working Paper* No. 3, Fitzroy: Brotherhood of St Laurence, 2006.

[50] H. E. Daly. Beyond Growth., *The Economics of Sustainable Development*, Boston: Beacon Press, 1996.

[51] Anand, Paul, Graham. Hunter, Ron. Smith, “ Capability and Well – Being: Evide-nce based on the Sen – Nussbaum Approach to Welfare Economics”, *So-cial Indicators Research*, Vol. 74, No. 1, 2005.

[52] Gasper, Des, “Subjective and Objective Well – Being in Relation to Economic Inputs: Puzzles and Responses ”, *Review of Social Economy*, Vol. 63, No. 2, 2005.

[53] Gasper, Des, “What is the Capability Approach? Its Core, Rationale, Partners and Dangers”, *Journal of Socio – Economics*, Vol. 36, No. 3, 2007.

[54] Robeyns, Ingrid., “*Justice as Fairness and the Capability Approach*”, *in Kaushik. Basu and Ravi. Kanbur eds. Arguments for a Better World: Essays in Ho-*

norof Amartya Sen: *Volume I*: *Ethics*, *Welfare*, *and Measurement*, Oxford: Oxford University Press, 2008.

[55] Basu, Kaushik, Luis F., *López – Calva*. "*Functionings and Gapabilities*", *in Kenneth J. Arrow*, *Amartya K. Sen and Kotaro Suzumura eds*, *Handbook of social Choice & Welfare*, North Holland, 2011.

[56] Robbins L, "Interpersonal Comparisons of Utility", *Economic Journal*, Vol. 48, 1938.

[57] Robbins L., *An Essay on the Nature and Signifcance of Economic Science.* (3*ed*), London: Macmillan Press Limited, 1984.

[58] Hieks, J. R., "The Rehabilitation of Consumers'Surplus", *The Review of Economic Studies*, No. 2, 1941, pp. 108 – 116.

[59] Kaldor. N, "Welfare Proposition of Economics and Interpersonal Comparisons of Utility", *Economic Journal*, Vol. 49, No. 9, 1939.

[60] Kaldor. N, "Alternative Theories of Distribution", *Review of Economic Studies*, No. 23, 1956.

[61] Seitovszk. T. DE, "A Note on Welfare propositions in Economics", *Review of Economic Studies*, 1941.

[62] Little1, "Social Choice and Individual", *Journal of Political Economy*, No. 60, 1952, pp. 422 – 432.

[63] Arrow. K. J, "A Difficulty in the Concept of Social Welfare", *Journal of Political Economy*, No. 10, 1950, pp. 328 – 346.

[64] Arrow. K. J., *Social Choice and Individual Values* (2*nd*, New Haven: Yale University Press, 1963.

[65] Bergson Abram, "A Reformulation of Certain A Speets of Welfare

Economies", *Quarterly Journal of Economics*, Vol. 12, 1938, pp. 310 –334.

[66] Samuelson. P. A. Richard Kahn, "His Welfare Economics and Lifetime Achievement", *Cambridge Journal of Economics*, Vol. 18, No. 1, 1994, pp. 55 –72.

[67] NordhausW. D, J. Tobin. *Is Growth Obsolete? In: Moss M. (Ed.) The Measurement of Economic and Social Performance*, New York: NBER, Amsterdam, 1973.

[68] Samuelsonp. A., *Welfare Economics. in: Foundations of Economic Analysis*, Cambridge: Harvard University Press, 1947, pp. 53 –203.

[69] Samuelsonp. A, "A note on the pure they of consumer 'behaviour'", *Economica*, Vol. 5, 1938, pp. 6 –71.

[70] United Nations, *SNA Handbook on Integrated Environmental and Economic Accounting*, NewYork: Statistical Office of United Nations, 1993.

[71] UNDP, *Human Development Report* 2007/2008, *Fighting Climate Change: Human Solidarity in a Divided World*, NewYork: Palgrave Macmillan, 2007.

[72] Daly H. E., Cobb J. B., *For the Common Good: Redireeting the Economy toward Community, the Environment and a Sustainable Future. Appendix: The Index of Sustainable Economic Welfare*, Boston: Beaeon Press, 1989, pp. 401 –455, p. 482.

[73] Klasen, Stephan, "Measuring poverty and deprivation in South – Africa", *Review of Income and Wealth*, Vol. 46, 2000, pp. 33 –58.

[74] Cobb C. W, Cobb J. B, *The Green National Product: A Proposed Index of Sustainable Economic Welfare*, Lanham: University Press of America, 1994,

p. 342.

[75] Diefenbacher. H. , *The Index of Sustainable Economic Welfare in Germany, in C. Cobb & J. Cobb (eds.), The Green National Product*, Washington: University of Americas Press, 1994.

[76] Jackson. T, Stymne. S. , *Sustainable Economic Welfiire in Sweden. A Pilot Index* 1950 - 1992, London: The New Economics Foundation, 1996, p. 46.

[77] Jackson. T, Marks. N, Ralls. J, Stymne. S. , *Sustainable Economic Welfare in the UK*, 1950 - 1996, London: New Economics Foundation, 1997.

[78] Stockhammer Engelbert et al. , "The Index of sustainable Economic welfare (ISEW) as an Alternative to GDP in Measuring Economic Welfare. The results of the Austrian (revised) ISEW Calculation 1955 - 1992", *Ecological Economics*, Vol. 21, 1997, pp. 19 - 34.

[79] Guenno. G, Tiezzi. S. , "The Index of Sustainable Economic Welfare (ISEW) for Italy", *Environmental Economics*, Vol. 131, 1998, pp. 1 - 21.

[80] Clarke Matthew, Sardar. M. N. Islam. , "Diminishing and negative welfare returns of economic growth: an index of sustainable economic welfare (ISEW) for Thailand", *Eeological Economics*, Vol. 54, 2005, pp. 81 - 93.

[81] Castaneda. B. E, "An index of sustainable economic welfare (ISEW) for Chile", *Ecological Economics*, Vol. 28, No. 2, 1999, pp. 231 - 244.

[82] Alkire, Sabina. , *Valuing Freedoms: Sen's Capability Approach and Poverty Reduction*, New York: Oxford University Press, 2002.

[83] Phipps, Shelley. , "The well-being of young Canadian children in international perspective: a functionings approach", *Review of Income and Wealth*, Vol. 48, 2002, pp. 493 - 515.

[84] Martin van Hees. , " Capabilities and achievements: an empirical study", *The Journal of Socio Economics*, Vol. 35, 2006, pp. 268 – 284.

[85] Kelly, "The Human Development Index: Handle with Care", *Population and Development Review*, Vol. 17, 1991.

[86] Noorbakhash. , "The Human Development Indices: Some Technical Issues and Alternative Indice", *Journal of International Development*, Vol. 10, 1998.

[87] Luchters. G, L. Menkhoff. , " Chaotic Signals from HDI Measurement", *Applied Economics Letter*, Vol. 7, 2000.

[88] Lai. D. , "Temporal Analysis of Human Development Indicators: Principal Component Approach", *Social Indicator Research*, Vol. 51, 2001.

[89] Lai. D. , "Principal Component Analysis on Human Development Indicators of China", *Social Indicator Research*, Vol. 61, 2003.

[90] Sen Amartya. , *Development as Freedom*, Oxford: Oxford University Press, 1999.

[91] Sen Amartya. , "A Decade of Human Development", *Journal of Human Development*, Vol. 1, 2000.

[92] Sen Amartya. "The Possibility of Social Choice", *American Economic Review*, Vol. 89, 1999, pp. 349 – 378.

[93] Sen Amartya. , In *equality Reexamined*, Oxford: Oxford University Press, 1992.

[94] Coppi R, Zannella F. , "Lpanalisi fatto riale di una serie temporale multipla relative allo stesso ins ieme di unia statistiche" . In Atti della XXIX Riunione Scientifica della SIS, Bologna, 1978.

[95] G. E. Battese, T. J. Coelli., "A Model for Technical Inefficiency Effects in a Stochastic Production Frontier for Panel Data", *Empirical Economics*, Vol. 20, 1995, pp. 325 – 332.

[96] Koddle. D. A, F. C. Plam., "Wald Criteria for Jointly Testing Equality and Inequality Restrictions", *Econometrica*, Vol. 54, 1986, pp. 1243 – 1248.

[97] Romer. D, *Advanced Macroeconomics*, New York, NY: Mc Graw Hill-Irwin, 2001.

[98] Miller. S, M. Upadhyay., "Total Factor Productivity and the Convergence Hypothesis", *Journal of Macroeconomics*, Vol. 24, 2002, pp. 267 – 286.

[99] Mankiw. G, D. Romer, D. Weil., "A Contribution to the Empirics of Economic Growth", *Quarterly Journal of Economics*, Vol. 107, No. 2, 1992, pp. 407 – 438.

[100] Wooldridge. J., *Econometric Analysis of Cross Section and Panel Data*, Cambridge, MA: MIT Press, 2002.

[101] Islam. N., "Growth Empirics: A Panel Data Approach", *Quarterly Journal of Economics*, Vol 110, No. 4, 1995, pp. 1127 – 1170.

[102] Max – Neef. M., "Economic growth and quality of life: a threshold hypothesis", *Ecological Economies*, Vol. 15, No. 2, 1995, pp. 115 – 118.

[103] Smith. J, Todd P., "Does matching overcome LaLonde's critique of nonexperimental estimators?", *Journal of Econometrics*, Vol. 125, 2005, pp. 305 – 353.

[104] Rosenbaum. P, Rubin. D., "Constructing a Control Group Using a Multivariate Matched Sampling Method that Incorporates the Propensity Score", *American Statistician*, Vol. 39, 1985, pp. 33 – 38.

附录 A

世界 55 个国家 1998 ~ 2012 年发展度值

附表 A1　　　世界 55 个国家 1998 ~ 2005 年发展度值

国家	发展度值							
	1998 年	1999 年	2000 年	2001 年	2002 年	2003 年	2004 年	2005 年
中国	0. 1582	0. 1681	0. 1645	0. 1536	0. 1504	0. 1436	0. 1509	0. 1601
澳大利亚	0. 5851	0. 5905	0. 5957	0. 5919	0. 6006	0. 6056	0. 6037	0. 6013
奥地利	0. 6557	0. 6546	0. 6732	0. 6704	0. 6566	0. 6490	0. 6559	0. 6609
比利时	0. 6705	0. 6440	0. 6495	0. 6633	0. 6612	0. 6576	0. 6300	0. 6216
加拿大	0. 5334	0. 5325	0. 5315	0. 5335	0. 5332	0. 5302	0. 5259	0. 5262
智利	0. 1771	0. 1794	0. 1816	0. 1817	0. 1833	0. 1861	0. 1941	0. 2056
捷克	0. 4436	0. 4446	0. 4605	0. 4676	0. 4697	0. 4692	0. 4703	0. 4792
丹麦	0. 6868	0. 6917	0. 7005	0. 7053	0. 7020	0. 6972	0. 7087	0. 7190
爱沙尼亚	0. 3878	0. 3920	0. 3963	0. 3953	0. 3947	0. 3993	0. 3927	0. 4079
芬兰	0. 6439	0. 6467	0. 6605	0. 6532	0. 6594	0. 6640	0. 6556	0. 6597
法国	0. 6247	0. 6224	0. 6222	0. 6190	0. 6166	0. 6138	0. 6128	0. 6113
德国	0. 6310	0. 6335	0. 6349	0. 6330	0. 6267	0. 6228	0. 6204	0. 6256
希腊	0. 4444	0. 4482	0. 4638	0. 4760	0. 4901	0. 4977	0. 5228	0. 5432
匈牙利	0. 4324	0. 4364	0. 4274	0. 4333	0. 4479	0. 4520	0. 4582	0. 4520
冰岛	0. 6941	0. 7017	0. 7130	0. 7164	0. 7230	0. 7350	0. 7461	0. 7603
爱尔兰	0. 5347	0. 5630	0. 5932	0. 6013	0. 6098	0. 6132	0. 6252	0. 6391
以色列	0. 4473	0. 4547	0. 4547	0. 4417	0. 4383	0. 4320	0. 4261	0. 4193
意大利	0. 5599	0. 5612	0. 5687	0. 5753	0. 5715	0. 5554	0. 5536	0. 5475

续表

国家	发展度值							
	1998 年	1999 年	2000 年	2001 年	2002 年	2003 年	2004 年	2005 年
日本	0. 6373	0. 6333	0. 6355	0. 6356	0. 6359	0. 6371	0. 6389	0. 6378
韩国	0. 3869	0. 3976	0. 4152	0. 4160	0. 4286	0. 4330	0. 4383	0. 4483
卢森堡	0. 7492	0. 7709	0. 7909	0. 7929	0. 8020	0. 7958	0. 8161	0. 8231
墨西哥	0. 1758	0. 1776	0. 1778	0. 1780	0. 1846	0. 1936	0. 2032	0. 1880
荷兰	0. 6237	0. 6306	0. 6293	0. 6384	0. 6277	0. 6234	0. 6284	0. 6355
新西兰	0. 5096	0. 5133	0. 5119	0. 5118	0. 5184	0. 5142	0. 5184	0. 5112
挪威	0. 7769	0. 7850	0. 7878	0. 7937	0. 7974	0. 8019	0. 8123	0. 8121
波兰	0. 3742	0. 3742	0. 3737	0. 3865	0. 3844	0. 3812	0. 3667	0. 3703
葡萄牙	0. 4352	0. 4369	0. 4428	0. 4456	0. 4437	0. 4375	0. 4257	0. 4307
斯洛伐克	0. 4105	0. 4179	0. 4184	0. 4154	0. 4167	0. 4134	0. 4147	0. 4101
斯洛文尼亚	0. 4476	0. 4581	0. 4618	0. 4664	0. 4734	0. 4716	0. 4676	0. 4774
西班牙	0. 4700	0. 4839	0. 5030	0. 4936	0. 4987	0. 5040	0. 5024	0. 5174
瑞典	0. 6461	0. 6638	0. 6618	0. 6601	0. 6680	0. 6706	0. 6535	0. 6487
瑞士	0. 6833	0. 6867	0. 6941	0. 6897	0. 6849	0. 6848	0. 6890	0. 6933
土耳其	0. 2010	0. 2031	0. 2063	0. 2091	0. 2137	0. 2132	0. 2186	0. 2201
英国	0. 5145	0. 5243	0. 5286	0. 5337	0. 5429	0. 5504	0. 5612	0. 5638
美国	0. 5512	0. 5589	0. 5611	0. 5602	0. 5615	0. 5664	0. 5767	0. 5744
巴西	0. 1221	0. 1270	0. 1290	0. 1290	0. 1337	0. 1249	0. 1392	0. 1477
印度	0. 0732	0. 0954	0. 0967	0. 0935	0. 0939	0. 0927	0. 0839	0. 0829
俄罗斯	0. 4045	0. 4074	0. 4118	0. 4155	0. 4195	0. 4295	0. 4256	0. 4266
南非	0. 0961	0. 0845	0. 0727	0. 0809	0. 0903	0. 0958	0. 1022	0. 0997
阿根廷	0. 2372	0. 2436	0. 2405	0. 2213	0. 1769	0. 1819	0. 2177	0. 2338
白俄罗斯	0. 4277	0. 4063	0. 4189	0. 4418	0. 4360	0. 4463	0. 4750	0. 4814
玻利维亚	0. 0283	0. 0252	0. 0179	0. 0223	0. 0189	0. 0227	0. 0239	0. 0277
保加利亚	0. 4070	0. 3951	0. 3894	0. 3817	0. 3812	0. 3803	0. 3791	0. 3879
哥伦比亚	0. 0516	0. 0429	0. 0493	0. 0530	0. 0431	0. 0537	0. 0589	0. 0732

续表

国家	发展度值							
	1998 年	1999 年	2000 年	2001 年	2002 年	2003 年	2004 年	2005 年
埃及	0. 2422	0. 2476	0. 2486	0. 2409	0. 2424	0. 2394	0. 2403	0. 2383
印度尼西亚	0. 1426	0. 1390	0. 1412	0. 1400	0. 1436	0. 1410	0. 1373	0. 1301
哈萨克斯坦	0. 2696	0. 2518	0. 2585	0. 2618	0. 2990	0. 3278	0. 3451	0. 3564
马来西亚	0. 1819	0. 1858	0. 1878	0. 1822	0. 1829	0. 1886	0. 1887	0. 1851
蒙古国	0. 2718	0. 2708	0. 2693	0. 2692	0. 2715	0. 2653	0. 2589	0. 2616
巴基斯坦	0. 0497	0. 0881	0. 0869	0. 0840	0. 0820	0. 1053	0. 1077	0. 1077
秘鲁	0. 0619	0. 0507	0. 0697	0. 0671	0. 0612	0. 0487	0. 0558	0. 0582
菲律宾	0. 1139	0. 1113	0. 1096	0. 1197	0. 1283	0. 1314	0. 1296	0. 1258
泰国	0. 1113	0. 1054	0. 1024	0. 1149	0. 1269	0. 1310	0. 1385	0. 1444
乌克兰	0. 3568	0. 3637	0. 3634	0. 3637	0. 3672	0. 3880	0. 3797	0. 3694
委内瑞拉	0. 1190	0. 1168	0. 1197	0. 1199	0. 1007	0. 0867	0. 1122	0. 1152
55 国均值	0. 3940	0. 3971	0. 4014	0. 4026	0. 4039	0. 4054	0. 4088	0. 4119

附表 A2　　世界 55 个国家 2006～2012 年发展度值

国家	发展度值						
	2006 年	2007 年	2008 年	2009 年	2010 年	2011 年	2012 年
中国	0. 1632	0. 1718	0. 1726	0. 1823	0. 1803	0. 1976	0. 2085
澳大利亚	0. 5851	0. 5871	0. 5811	0. 5875	0. 5927	0. 6022	0. 6088
奥地利	0. 6728	0. 6790	0. 6827	0. 6797	0. 6847	0. 6871	0. 6829
比利时	0. 6152	0. 6216	0. 6140	0. 6087	0. 6071	0. 6069	0. 6027
加拿大	0. 5257	0. 5297	0. 5205	0. 5124	0. 5161	0. 5177	0. 5171
智利	0. 2117	0. 2115	0. 2104	0. 2070	0. 2111	0. 2188	0. 2234
捷克	0. 4837	0. 4855	0. 4872	0. 4803	0. 4814	0. 4803	0. 4760
丹麦	0. 7221	0. 7141	0. 7023	0. 6761	0. 6765	0. 6744	0. 6683
爱沙尼亚	0. 4181	0. 4206	0. 4292	0. 4139	0. 4106	0. 4125	0. 4140

续表

国家	发展度值						
	2006 年	2007 年	2008 年	2009 年	2010 年	2011 年	2012 年
芬兰	0. 6675	0. 6708	0. 6654	0. 6374	0. 6401	0. 6381	0. 6281
法国	0. 6086	0. 6073	0. 6008	0. 5869	0. 5815	0. 5798	0. 5754
德国	0. 6302	0. 6213	0. 6250	0. 6176	0. 6267	0. 6347	0. 6379
希腊	0. 5541	0. 5623	0. 5693	0. 5684	0. 5566	0. 5398	0. 5216
匈牙利	0. 4417	0. 4369	0. 4408	0. 4327	0. 4284	0. 4134	0. 4075
冰岛	0. 7501	0. 7638	0. 7453	0. 7269	0. 7180	0. 7177	0. 7208
爱尔兰	0. 6464	0. 6635	0. 6527	0. 6041	0. 6089	0. 6131	0. 6182
以色列	0. 4186	0. 4268	0. 4307	0. 4258	0. 4240	0. 4238	0. 4206
意大利	0. 5434	0. 5476	0. 5516	0. 5224	0. 5105	0. 5165	0. 5061
日本	0. 6385	0. 6383	0. 6316	0. 6164	0. 6209	0. 6176	0. 6171
韩国	0. 4589	0. 4701	0. 4776	0. 4828	0. 4951	0. 5048	0. 5106
卢森堡	0. 8320	0. 8567	0. 8386	0. 7991	0. 8095	0. 8074	0. 7892
墨西哥	0. 2049	0. 2003	0. 1956	0. 1936	0. 1958	0. 2002	0. 2032
荷兰	0. 6516	0. 6553	0. 6315	0. 6193	0. 6182	0. 6378	0. 6372
新西兰	0. 5043	0. 5012	0. 4917	0. 5047	0. 4977	0. 4977	0. 4998
挪威	0. 8050	0. 8327	0. 8140	0. 8057	0. 7980	0. 7874	0. 7945
波兰	0. 3816	0. 3802	0. 3811	0. 3819	0. 3812	0. 3855	0. 3824
葡萄牙	0. 4330	0. 4365	0. 4435	0. 4437	0. 4513	0. 4574	0. 4559
斯洛伐克	0. 4291	0. 4361	0. 4377	0. 4294	0. 4292	0. 4232	0. 4165
斯洛文尼亚	0. 4840	0. 4888	0. 4944	0. 4751	0. 4737	0. 4696	0. 4653
西班牙	0. 5214	0. 5234	0. 5130	0. 4974	0. 5052	0. 5135	0. 5041
瑞典	0. 6456	0. 6517	0. 6388	0. 6176	0. 6292	0. 6308	0. 6244
瑞士	0. 6998	0. 7052	0. 6998	0. 6933	0. 7044	0. 7031	0. 6986
土耳其	0. 2362	0. 2437	0. 2405	0. 2344	0. 2411	0. 2494	0. 2531
英国	0. 5571	0. 5583	0. 5858	0. 5443	0. 5444	0. 5362	0. 5324
美国	0. 5745	0. 5756	0. 5711	0. 5826	0. 5624	0. 5646	0. 5675

续表

国家	发展度值						
	2006 年	2007 年	2008 年	2009 年	2010 年	2011 年	2012 年
巴西	0. 1559	0. 1623	0. 1724	0. 1689	0. 1702	0. 1715	0. 1714
印度	0. 0797	0. 0775	0. 0867	0. 0926	0. 1016	0. 1180	0. 1330
俄罗斯	0. 4246	0. 4298	0. 4319	0. 4281	0. 4252	0. 4293	0. 4298
南非	0. 0888	0. 0866	0. 0906	0. 0990	0. 0973	0. 0963	0. 0938
阿根廷	0. 2564	0. 2717	0. 2928	0. 3090	0. 3251	0. 3380	0. 3498
白俄罗斯	0. 4873	0. 4968	0. 5178	0. 5198	0. 5229	0. 4884	0. 4928
玻利维亚	0. 0303	0. 0232	0. 0326	0. 0374	0. 0516	0. 0511	0. 0495
保加利亚	0. 3681	0. 3507	0. 3523	0. 3601	0. 3602	0. 3535	0. 3605
哥伦比亚	0. 0684	0. 0707	0. 0805	0. 0902	0. 1169	0. 1099	0. 1126
埃及	0. 2350	0. 2327	0. 2289	0. 2267	0. 2228	0. 2208	0. 2160
印度尼西亚	0. 1256	0. 1357	0. 1373	0. 1348	0. 1392	0. 1319	0. 1228
哈萨克斯坦	0. 3916	0. 3967	0. 3911	0. 3991	0. 4048	0. 4008	0. 3948
马来西亚	0. 1871	0. 1859	0. 1879	0. 1892	0. 1952	0. 1981	0. 2009
蒙古国	0. 2576	0. 2466	0. 2408	0. 2391	0. 2410	0. 2666	0. 2960
巴基斯坦	0. 1023	0. 0801	0. 0732	0. 0669	0. 0575	0. 0543	0. 0510
秘鲁	0. 0740	0. 0870	0. 1108	0. 1189	0. 1263	0. 1350	0. 1388
菲律宾	0. 1221	0. 1211	0. 1216	0. 1226	0. 1210	0. 1199	0. 1180
泰国	0. 1455	0. 1591	0. 1606	0. 1654	0. 1712	0. 1822	0. 1903
乌克兰	0. 3682	0. 3682	0. 3763	0. 3778	0. 3777	0. 3866	0. 3962
委内瑞拉	0. 1727	0. 1984	0. 2168	0. 2166	0. 2092	0. 2099	0. 2225
55 国均值	0. 4156	0. 4192	0. 4195	0. 4137	0. 4154	0. 4168	0. 4169

附录 B

世界 55 个国家 1998 ~ 2012 年协调度值

附表 B1　　世界 55 个国家 1998 ~ 2005 年协调度值

国家	协调度值							
	1998 年	1999 年	2000 年	2001 年	2002 年	2003 年	2004 年	2005 年
中国	0.0040	0.0047	0.0065	0.0096	0.0132	0.0191	0.0227	0.0270
澳大利亚	0.7366	0.7507	0.7492	0.7742	0.7773	0.7938	0.8119	0.8268
奥地利	0.6572	0.6852	0.6902	0.6974	0.7239	0.7366	0.7440	0.7516
比利时	0.6162	0.6746	0.6953	0.6822	0.6919	0.6994	0.7570	0.7773
加拿大	0.7736	0.8076	0.8408	0.8424	0.8557	0.8671	0.8882	0.9027
智利	0.3679	0.3495	0.3649	0.3778	0.3823	0.3901	0.4017	0.3991
捷克	0.1771	0.1823	0.1852	0.1923	0.1991	0.2130	0.2300	0.2487
丹麦	0.8391	0.8504	0.8645	0.8621	0.8663	0.8722	0.8751	0.8800
爱沙尼亚	0.1026	0.1021	0.1211	0.1377	0.1569	0.1779	0.2060	0.2260
芬兰	0.6134	0.6388	0.6622	0.6876	0.6930	0.7017	0.7426	0.7583
法国	0.6428	0.6678	0.6922	0.7052	0.7101	0.7154	0.7314	0.7421
德国	0.6474	0.6587	0.6804	0.6937	0.7003	0.7019	0.7146	0.7139
希腊	0.4422	0.4564	0.4615	0.4704	0.4718	0.4998	0.4936	0.4804
匈牙利	0.1323	0.1389	0.1565	0.1642	0.1690	0.1792	0.1913	0.2107
冰岛	0.8561	0.8687	0.8776	0.8915	0.8801	0.8814	0.9146	0.9388
爱尔兰	0.8700	0.8997	0.9234	0.9352	0.9472	0.9549	0.9572	0.9643
以色列	0.5083	0.5015	0.5432	0.5451	0.5348	0.5426	0.5757	0.6119
意大利	0.6675	0.6774	0.6957	0.7011	0.7074	0.7238	0.7324	0.7429

续表

国家	协调度值							
	1998 年	1999 年	2000 年	2001 年	2002 年	2003 年	2004 年	2005 年
日本	0.6956	0.6975	0.7115	0.7123	0.7125	0.7232	0.7395	0.7512
韩国	0.3266	0.3654	0.3859	0.4043	0.4266	0.4351	0.4550	0.4652
卢森堡	0.9969	1.0000	0.9965	0.9942	0.9893	0.9853	0.9837	0.9711
墨西哥	0.4684	0.4795	0.5181	0.5076	0.4785	0.4477	0.4368	0.5030
荷兰	0.7510	0.7740	0.8009	0.7988	0.8075	0.8118	0.8203	0.8256
新西兰	0.5641	0.5938	0.6101	0.6326	0.6473	0.6711	0.6826	0.7118
挪威	0.9588	0.9603	0.9703	0.9734	0.9752	0.9746	0.9822	0.9882
波兰	0.1029	0.1123	0.1222	0.1178	0.1224	0.1339	0.1583	0.1665
葡萄牙	0.4551	0.4774	0.4916	0.4966	0.4998	0.4980	0.5245	0.5184
斯洛伐克	0.1053	0.1019	0.1042	0.1137	0.1233	0.1367	0.1491	0.1710
斯洛文尼亚	0.3168	0.3324	0.3496	0.3600	0.3726	0.3918	0.4240	0.4354
西班牙	0.6006	0.6108	0.6131	0.6479	0.6497	0.6524	0.6679	0.6597
瑞典	0.6877	0.7026	0.7393	0.7495	0.7573	0.7699	0.8201	0.8465
瑞士	0.9213	0.9238	0.9355	0.9401	0.9406	0.9360	0.9425	0.9501
土耳其	0.2781	0.2505	0.2679	0.2297	0.2412	0.2597	0.2860	0.3184
英国	0.8293	0.8345	0.8582	0.8643	0.8660	0.8815	0.8866	0.9007
美国	0.9123	0.9262	0.9411	0.9417	0.9449	0.9501	0.9555	0.9686
巴西	0.3461	0.3183	0.3265	0.3261	0.3149	0.3494	0.3182	0.3000
印度	0.0001	8E-05	0.0001	0.0003	0.0004	0.0008	0.0022	0.0039
俄罗斯	0.0226	0.0258	0.0316	0.0349	0.0383	0.0430	0.0511	0.0583
南非	0.5252	0.6269	0.7699	0.6943	0.6269	0.5949	0.5726	0.6250
阿根廷	0.1374	0.1196	0.1178	0.1222	0.1410	0.1565	0.1333	0.1376
白俄罗斯	0.0053	0.0065	0.0071	0.0074	0.0087	0.0100	0.0118	0.0144
玻利维亚	0.1096	0.1262	0.2314	0.1570	0.2129	0.1594	0.1585	0.1341
保加利亚	0.0115	0.0130	0.0155	0.0185	0.0216	0.0249	0.0294	0.0327
哥伦比亚	0.6926	0.7830	0.6961	0.6381	0.8114	0.6582	0.6190	0.4859

续表

国家	协调度值							
	1998 年	1999 年	2000 年	2001 年	2002 年	2003 年	2004 年	2005 年
埃及	0. 0024	0. 0027	0. 0031	0. 0035	0. 0036	0. 0039	0. 0042	0. 0047
印度尼西亚	0. 0069	0. 0071	0. 0078	0. 0086	0. 0092	0. 0107	0. 0127	0. 0162
哈萨克斯坦	0. 0158	0. 0198	0. 0239	0. 0319	0. 0308	0. 0315	0. 0346	0. 0392
马来西亚	0. 1848	0. 1910	0. 2115	0. 2157	0. 2279	0. 2320	0. 2528	0. 2770
蒙古国	0. 0003	0. 0004	0. 0004	0. 0005	0. 0006	0. 0008	0. 0013	0. 0017
巴基斯坦	0. 0005	0. 0002	0. 0003	0. 0003	0. 0004	0. 0004	0. 0007	0. 0012
秘鲁	0. 3488	0. 4650	0. 2929	0. 3037	0. 3765	0. 5511	0. 4849	0. 5034
菲律宾	0. 0096	0. 0105	0. 0117	0. 0102	0. 0094	0. 0100	0. 0121	0. 0141
泰国	0. 0851	0. 1015	0. 1160	0. 0966	0. 0887	0. 0959	0. 0977	0. 0988
乌克兰	0. 0014	0. 0014	0. 0018	0. 0025	0. 0030	0. 0036	0. 0054	0. 0063
委内瑞拉	0. 5468	0. 4957	0. 4920	0. 5022	0. 5381	0. 5665	0. 5019	0. 5474
55 国均值	0. 4123	0. 4250	0. 4361	0. 4369	0. 4454	0. 4515	0. 4583	0. 4665

附表 B2　　　　世界 55 个国家 2006 ~ 2012 年协调度值

国家	协调度值						
	2006 年	2007 年	2008 年	2009 年	2010 年	2011 年	2012 年
中国	0. 0353	0. 0444	0. 0544	0. 0598	0. 0758	0. 0773	0. 0820
澳大利亚	0. 8632	0. 8738	0. 8778	0. 8709	0. 8709	0. 8745	0. 8738
奥地利	0. 7625	0. 7818	0. 7865	0. 7565	0. 7630	0. 7802	0. 7884
比利时	0. 8013	0. 8099	0. 8209	0. 7991	0. 8125	0. 8196	0. 8186
加拿大	0. 9135	0. 9146	0. 9254	0. 9101	0. 9193	0. 9263	0. 9304
智利	0. 4107	0. 4385	0. 4576	0. 4542	0. 4742	0. 4835	0. 5011
捷克	0. 2736	0. 2961	0. 3045	0. 2856	0. 2952	0. 3064	0. 3048
丹麦	0. 8979	0. 9128	0. 9145	0. 8973	0. 9032	0. 9095	0. 9106
爱沙尼亚	0. 2575	0. 2894	0. 2610	0. 2125	0. 2254	0. 2624	0. 2788

续表

国家	协调度值						
	2006 年	2007 年	2008 年	2009 年	2010 年	2011 年	2012 年
芬兰	0. 7807	0. 8149	0. 8198	0. 7787	0. 7982	0. 8190	0. 8196
法国	0. 7598	0. 7749	0. 7784	0. 7671	0. 7843	0. 7986	0. 8007
德国	0. 7387	0. 7773	0. 7827	0. 7518	0. 7732	0. 7893	0. 7896
希腊	0. 5018	0. 5138	0. 5006	0. 4762	0. 4540	0. 4253	0. 4052
匈牙利	0. 2350	0. 2404	0. 2413	0. 2207	0. 2296	0. 2516	0. 2525
冰岛	0. 9555	0. 9638	0. 9687	0. 9479	0. 9334	0. 9467	0. 9491
爱尔兰	0. 9715	0. 9683	0. 9554	0. 9560	0. 9438	0. 9497	0. 9446
以色列	0. 6440	0. 6685	0. 6822	0. 6859	0. 7196	0. 7417	0. 7600
意大利	0. 7620	0. 7635	0. 7419	0. 7344	0. 7630	0. 7540	0. 7483
日本	0. 7636	0. 7804	0. 7799	0. 7534	0. 7844	0. 7863	0. 8001
韩国	0. 4813	0. 4967	0. 4969	0. 4882	0. 5113	0. 5185	0. 5219
卢森堡	0. 9579	0. 9448	0. 9476	0. 9658	0. 9663	0. 9673	0. 9686
墨西哥	0. 4707	0. 5005	0. 5172	0. 4781	0. 4983	0. 5019	0. 5114
荷兰	0. 8312	0. 8544	0. 8909	0. 8744	0. 8828	0. 8639	0. 8526
新西兰	0. 7263	0. 7514	0. 7445	0. 7260	0. 7292	0. 7408	0. 7578
挪威	0. 9939	0. 9898	0. 9923	0. 9875	0. 9879	0. 9915	0. 9930
波兰	0. 1770	0. 2010	0. 2191	0. 2242	0. 2367	0. 2509	0. 2628
葡萄牙	0. 5229	0. 5327	0. 5202	0. 4976	0. 4992	0. 4820	0. 4642
斯洛伐克	0. 1830	0. 2126	0. 2326	0. 2188	0. 2354	0. 2563	0. 2707
斯洛文尼亚	0. 4624	0. 4992	0. 5142	0. 4757	0. 4840	0. 4937	0. 4804
西班牙	0. 6738	0. 6838	0. 6942	0. 6810	0. 6643	0. 6507	0. 6514
瑞典	0. 8768	0. 8882	0. 8921	0. 8732	0. 8989	0. 9113	0. 9190
瑞士	0. 9603	0. 9703	0. 9771	0. 9681	0. 9746	0. 9780	0. 9813
土耳其	0. 3128	0. 3154	0. 3187	0. 2980	0. 3238	0. 3463	0. 3433
英国	0. 9223	0. 9372	0. 8983	0. 9069	0. 9126	0. 9243	0. 9207
美国	0. 9755	0. 9780	0. 9762	0. 9499	0. 9740	0. 9768	0. 9823

续表

国家	协调度值						
	2006 年	2007 年	2008 年	2009 年	2010 年	2011 年	2012 年
巴西	0. 2893	0. 2963	0. 2896	0. 2926	0. 3237	0. 3301	0. 3304
印度	0. 0065	0. 0104	0. 0099	0. 0120	0. 0123	0. 0111	0. 0095
俄罗斯	0. 0696	0. 0805	0. 0884	0. 0763	0. 0844	0. 0900	0. 0952
南非	0. 7552	0. 8117	0. 7973	0. 7026	0. 7336	0. 7616	0. 7946
阿根廷	0. 1349	0. 1391	0. 1379	0. 1407	0. 1434	0. 1482	0. 1536
白俄罗斯	0. 0178	0. 0209	0. 0241	0. 0241	0. 0282	0. 0361	0. 0367
玻利维亚	0. 1273	0. 2232	0. 1432	0. 1185	0. 0717	0. 0816	0. 0963
保加利亚	0. 0419	0. 0530	0. 0603	0. 0519	0. 0531	0. 0602	0. 0598
哥伦比亚	0. 5778	0. 5983	0. 5191	0. 4430	0. 3110	0. 3757	0. 3801
埃及	0. 0056	0. 0068	0. 0083	0. 0092	0. 0105	0. 0107	0. 0114
印度尼西亚	0. 0197	0. 0197	0. 0220	0. 0251	0. 0270	0. 0345	0. 0451
哈萨克斯坦	0. 0401	0. 0458	0. 0491	0. 0459	0. 0503	0. 0579	0. 0639
马来西亚	0. 2902	0. 3163	0. 3273	0. 3054	0. 3197	0. 3306	0. 3451
蒙古国	0. 0023	0. 0034	0. 0046	0. 0042	0. 0049	0. 0064	0. 0070
巴基斯坦	0. 0018	0. 0037	0. 0043	0. 0055	0. 0073	0. 0088	0. 0114
秘鲁	0. 3968	0. 3546	0. 2821	0. 2505	0. 2612	0. 2597	0. 2718
菲律宾	0. 0168	0. 0199	0. 0213	0. 0206	0. 0253	0. 0273	0. 0325
泰国	0. 1076	0. 1015	0. 1049	0. 0941	0. 1039	0. 0924	0. 0972
乌克兰	0. 0078	0. 0096	0. 0099	0. 0065	0. 0074	0. 0082	0. 0079
委内瑞拉	0. 3424	0. 3087	0. 2845	0. 2611	0. 2614	0. 2721	0. 2654
55 国均值	0. 4747	0. 4874	0. 4850	0. 4695	0. 4753	0. 4829	0. 4864

附录 C

世界 55 个国家 1998～2012 年压力指数

附表 C1　　世界 55 个国家 1998～2005 年压力指数

国家	压力指数							
	1998 年	1999 年	2000 年	2001 年	2002 年	2003 年	2004 年	2005 年
中国	61.030	56.430	47.630	38.710	32.830	26.900	24.500	22.290
澳大利亚	2.208	2.152	2.158	2.061	2.049	1.986	1.918	1.862
奥地利	2.541	2.419	2.398	2.367	2.259	2.208	2.179	2.149
比利时	2.729	2.464	2.376	2.432	2.390	2.359	2.128	2.049
加拿大	2.063	1.934	1.810	1.804	1.754	1.711	1.631	1.575
智利	4.365	4.546	4.394	4.274	4.234	4.164	4.065	4.087
捷克	7.368	7.230	7.154	6.979	6.818	6.514	6.179	5.851
丹麦	1.816	1.774	1.721	1.730	1.714	1.692	1.681	1.663
爱沙尼亚	10.390	10.420	9.388	8.663	7.973	7.348	6.663	6.255
芬兰	2.743	2.624	2.518	2.409	2.386	2.349	2.184	2.122
法国	2.605	2.494	2.389	2.335	2.315	2.293	2.228	2.186
德国	2.585	2.534	2.439	2.383	2.355	2.348	2.296	2.299
希腊	3.748	3.646	3.611	3.551	3.541	3.360	3.399	3.484
匈牙利	8.884	8.617	7.987	7.743	7.599	7.313	7.001	6.561
冰岛	1.752	1.705	1.672	1.618	1.662	1.657	1.528	1.428
爱尔兰	1.700	1.587	1.493	1.444	1.391	1.356	1.345	1.310
以色列	3.308	3.350	3.105	3.095	3.152	3.109	2.931	2.750
意大利	2.495	2.452	2.374	2.352	2.326	2.259	2.224	2.183

续表

国家	压力指数							
	1998 年	1999 年	2000 年	2001 年	2002 年	2003 年	2004 年	2005 年
日本	2. 375	2. 367	2. 309	2. 306	2. 305	2. 261	2. 196	2. 150
韩国	4. 791	4. 390	4. 201	4. 043	3. 865	3. 801	3. 657	3. 586
卢森堡	1. 082	1. 003	0. 919	0. 898	0. 863	0. 842	0. 834	0. 785
墨西哥	3. 564	3. 490	3. 249	3. 313	3. 497	3. 708	3. 788	3. 341
荷兰	2. 151	2. 062	1. 959	1. 967	1. 934	1. 918	1. 886	1. 866
新西兰	2. 992	2. 839	2. 759	2. 652	2. 585	2. 479	2. 430	2. 308
挪威	1. 337	1. 330	1. 279	1. 262	1. 251	1. 255	1. 209	1. 167
波兰	10. 370	9. 833	9. 334	9. 550	9. 326	8. 818	7. 927	7. 671
葡萄牙	3. 656	3. 504	3. 412	3. 381	3. 361	3. 372	3. 212	3. 247
斯洛伐克	10. 230	10. 440	10. 290	9. 760	9. 283	8. 704	8. 239	7. 539
斯洛文尼亚	4. 902	4. 727	4. 545	4. 442	4. 322	4. 149	3. 885	3. 799
西班牙	2. 805	2. 755	2. 744	2. 582	2. 574	2. 562	2. 493	2. 529
瑞典	2. 408	2. 346	2. 197	2. 157	2. 126	2. 077	1. 887	1. 788
瑞士	1. 501	1. 491	1. 442	1. 422	1. 420	1. 440	1. 412	1. 378
土耳其	5. 400	5. 819	5. 547	6. 185	5. 977	5. 674	5. 290	4. 884
英国	1. 853	1. 833	1. 745	1. 722	1. 715	1. 657	1. 637	1. 583
美国	1. 537	1. 481	1. 418	1. 415	1. 401	1. 378	1. 353	1. 288
巴西	4. 581	4. 885	4. 791	4. 797	4. 925	4. 547	4. 886	5. 107
印度	367. 300	446. 800	341. 800	241. 400	203. 600	136. 300	82. 820	62. 330
俄罗斯	24. 580	22. 860	20. 460	19. 340	18. 380	17. 220	15. 630	14. 490
南非	3. 208	2. 679	2. 078	2. 380	2. 679	2. 833	2. 947	2. 687
阿根廷	8. 678	9. 462	9. 548	9. 333	8. 537	7. 988	8. 844	8. 669
白俄罗斯	52. 940	47. 720	45. 360	44. 530	40. 790	37. 870	34. 840	31. 270
玻利维亚	9. 982	9. 152	6. 154	7. 969	6. 517	7. 891	7. 921	8. 809
保加利亚	35. 230	33. 080	30. 140	27. 360	25. 160	23. 310	21. 290	20. 080
哥伦比亚	2. 388	2. 027	2. 373	2. 627	1. 920	2. 536	2. 716	3. 448

续表

国家	压力指数							
	1998 年	1999 年	2000 年	2001 年	2002 年	2003 年	2004 年	2005 年
埃及	79.580	74.610	69.830	65.310	64.850	62.280	59.890	56.590
印度尼西亚	46.020	45.460	43.160	41.000	39.720	36.680	33.490	29.430
哈萨克斯坦	29.820	26.420	23.810	20.350	20.730	20.480	19.440	18.140
马来西亚	7.164	7.011	6.546	6.458	6.218	6.141	5.783	5.416
蒙古国	212.600	197.200	194.600	182.700	165.300	138.000	108.000	95.980
巴基斯坦	172.300	270.600	222.800	217.800	190.800	197.500	147.300	113.300
秘鲁	4.553	3.587	5.198	5.061	4.286	3.062	3.455	3.338
菲律宾	38.700	37.100	34.900	37.640	39.190	37.970	34.330	31.600
泰国	11.630	10.460	9.639	10.770	11.340	10.820	10.700	10.630
乌克兰	103.500	104.100	91.830	77.530	70.860	64.220	52.380	48.490
委内瑞拉	3.085	3.386	3.409	3.346	3.134	2.979	3.348	3.082
55 国均值	25.550	27.980	24.260	21.500	19.550	17.410	14.350	12.650

附表 C2　　　　世界 55 个国家 2006～2012 年压力指数

国家	压力指数						
	2006 年	2007 年	2008 年	2009 年	2010 年	2011 年	2012 年
中国	19.220	16.930	15.090	14.290	12.450	12.310	11.880
澳大利亚	1.726	1.686	1.671	1.697	1.697	1.683	1.686
奥地利	2.106	2.032	2.014	2.129	2.104	2.038	2.007
比利时	1.958	1.925	1.884	1.966	1.916	1.889	1.893
加拿大	1.533	1.528	1.484	1.546	1.509	1.481	1.464
智利	3.991	3.775	3.638	3.662	3.525	3.464	3.352
捷克	5.464	5.158	5.051	5.297	5.169	5.027	5.047
丹麦	1.594	1.535	1.529	1.596	1.573	1.548	1.544
爱沙尼亚	5.707	5.244	5.653	6.525	6.266	5.631	5.390

续表

国家	压力指数						
	2006 年	2007 年	2008 年	2009 年	2010 年	2011 年	2012 年
芬兰	2. 036	1. 907	1. 888	2. 044	1. 969	1. 891	1. 889
法国	2. 116	2. 058	2. 045	2. 088	2. 022	1. 968	1. 960
德国	2. 199	2. 049	2. 028	2. 148	2. 065	2. 003	2. 002
希腊	3. 348	3. 275	3. 356	3. 512	3. 664	3. 875	4. 036
匈牙利	6. 088	5. 991	5. 976	6. 357	6. 187	5. 802	5. 788
冰岛	1. 353	1. 313	1. 287	1. 388	1. 451	1. 393	1. 383
爱尔兰	1. 272	1. 290	1. 353	1. 351	1. 406	1. 38	1. 403
以色列	2. 600	2. 491	2. 432	2. 416	2. 276	2. 187	2. 116
意大利	2. 108	2. 102	2. 187	2. 217	2. 104	2. 139	2. 161
日本	2. 102	2. 037	2. 039	2. 141	2. 022	2. 014	1. 962
韩国	3. 478	3. 380	3. 379	3. 433	3. 290	3. 247	3. 227
卢森堡	0. 745	0. 713	0. 720	0. 768	0. 769	0. 772	0. 776
墨西哥	3. 548	3. 356	3. 255	3. 499	3. 370	3. 347	3. 290
荷兰	1. 846	1. 759	1. 621	1. 684	1. 652	1. 723	1. 766
新西兰	2. 249	2. 149	2. 176	2. 250	2. 237	2. 191	2. 124
挪威	1. 117	1. 154	1. 132	1. 172	1. 169	1. 139	1. 126
波兰	7. 371	6. 774	6. 390	6. 288	6. 057	5. 813	5. 625
葡萄牙	3. 221	3. 164	3. 237	3. 374	3. 364	3. 474	3. 593
斯洛伐克	7. 213	6. 522	6. 130	6. 396	6. 080	5. 727	5. 507
斯洛文尼亚	3. 605	3. 364	3. 273	3. 515	3. 460	3. 399	3. 484
西班牙	2. 468	2. 425	2. 381	2. 437	2. 509	2. 570	2. 566
瑞典	1. 674	1. 631	1. 616	1. 688	1. 590	1. 541	1. 511
瑞士	1. 330	1. 279	1. 240	1. 290	1. 255	1. 235	1. 214
土耳其	4. 950	4. 919	4. 880	5. 132	4. 822	4. 579	4. 610
英国	1. 497	1. 435	1. 592	1. 559	1. 536	1. 489	1. 504
美国	1. 250	1. 235	1. 246	1. 379	1. 258	1. 242	1. 208

续表

国家	压力指数						
	2006 年	2007 年	2008 年	2009 年	2010 年	2011 年	2012 年
巴西	5. 247	5. 155	5. 243	5. 202	4. 823	4. 751	4. 749
印度	47. 440	37. 150	38. 240	34. 520	34. 030	35. 910	39. 080
俄罗斯	13. 090	12. 010	11. 360	12. 400	11. 690	11. 240	10. 870
南非	2. 134	1. 919	1. 973	2. 346	2. 220	2. 109	1. 983
阿根廷	8. 776	8. 609	8. 656	8. 545	8. 445	8. 270	8. 083
白俄罗斯	27. 950	25. 640	23. 710	23. 700	21. 790	18. 990	18. 820
玻利维亚	9. 100	6. 307	8. 451	9. 514	12. 860	11. 920	10. 800
保加利亚	17. 480	15. 300	14. 210	15. 490	15. 290	14. 230	14. 290
哥伦比亚	2. 920	2. 816	3. 243	3. 743	4. 971	4. 293	4. 253
埃及	51. 200	46. 480	41. 980	39. 690	37. 000	36. 600	35. 490
印度尼西亚	26. 500	26. 480	24. 920	23. 220	22. 280	19. 470	16. 780
哈萨克斯坦	17. 930	16. 630	15. 980	16. 620	15. 770	14. 560	13. 750
马来西亚	5. 234	4. 909	4. 783	5. 040	4. 869	4. 746	4. 592
蒙古国	81. 880	66. 660	57. 240	59. 690	55. 410	48. 140	45. 830
巴基斯坦	91. 080	64. 020	58. 790	51. 850	44. 740	40. 710	35. 390
秘鲁	4. 106	4. 495	5. 344	5. 820	5. 650	5. 673	5. 490
菲律宾	28. 840	26. 320	25. 350	25. 800	23. 110	22. 190	20. 140
泰国	10. 090	10. 460	10. 250	10. 950	10. 310	11. 070	10. 740
乌克兰	43. 320	38. 700	38. 080	47. 430	44. 490	42. 270	43. 080
委内瑞拉	4. 620	5. 000	5. 311	5. 651	5. 647	5. 485	5. 586
55 国均值	11. 030	9. 587	9. 165	9. 318	8. 865	8. 399	8. 148

附录 D

世界 55 个国家 1998 ~ 2012 年福利转化效率（模型 1）

附表 D1　　世界 55 个国家 1998 ~ 2005 年福利转化效率（模型 1）

国家	福利转化效率（模型 1）							
	1998 年	1999 年	2000 年	2001 年	2002 年	2003 年	2004 年	2005 年
中国	0.3531	0.3777	0.3632	0.3536	0.3451	0.3149	0.3343	0.3489
澳大利亚	0.8519	0.8591	0.8686	0.8568	0.8792	0.8838	0.8717	0.8730
奥地利	0.9653	0.9571	0.9722	0.9719	0.9579	0.9502	0.9589	0.9661
比利时	0.9892	0.9756	0.9681	0.9776	0.9749	0.9734	0.9277	0.9110
加拿大	0.7527	0.7510	0.7368	0.7456	0.7441	0.7427	0.7270	0.7290
智利	0.3453	0.3551	0.3623	0.3644	0.3726	0.3858	0.4153	0.4491
捷克	0.9543	0.9481	0.9655	0.9656	0.9601	0.9545	0.9600	0.9636
丹麦	0.8813	0.8999	0.9248	0.9369	0.9346	0.9280	0.9478	0.9623
爱沙尼亚	0.8707	0.8995	0.9195	0.9226	0.9148	0.9258	0.9343	0.9656
芬兰	0.9718	0.9703	0.9817	0.9779	0.9802	0.9791	0.9693	0.9729
法国	0.9559	0.9486	0.9387	0.9345	0.9404	0.9353	0.9319	0.9293
德国	0.9388	0.9430	0.9469	0.9481	0.9461	0.9471	0.9429	0.9568
希腊	0.8145	0.8136	0.8371	0.8551	0.8738	0.8698	0.9107	0.9490
匈牙利	0.9201	0.9289	0.9088	0.9244	0.9442	0.9449	0.9515	0.9375
冰岛	0.9234	0.9275	0.9401	0.9345	0.9450	0.9571	0.9475	0.9459
爱尔兰	0.9245	0.9489	0.9627	0.9390	0.9078	0.8881	0.8858	0.8702

续表

国家	福利转化效率（模型1）							
	1998年	1999年	2000年	2001年	2002年	2003年	2004年	2005年
以色列	0.7778	0.8012	0.7909	0.7662	0.7718	0.7660	0.7476	0.7266
意大利	0.8996	0.8915	0.8898	0.8863	0.8802	0.8504	0.8434	0.8297
日本	0.9825	0.9773	0.9767	0.9764	0.9744	0.9715	0.9706	0.9656
韩国	0.7791	0.7966	0.8634	0.8653	0.9161	0.8777	0.8748	0.8996
卢森堡	0.9498	0.9473	0.9221	0.8991	0.8627	0.8421	0.8489	0.8350
墨西哥	0.3433	0.3436	0.3267	0.3278	0.3399	0.3576	0.3752	0.3340
荷兰	0.8949	0.9100	0.9079	0.9203	0.9063	0.9087	0.9199	0.9415
新西兰	0.8212	0.8309	0.8391	0.8484	0.8676	0.8693	0.8896	0.8601
挪威	0.8676	0.8988	0.9604	0.9610	0.9194	0.9098	0.9322	0.9454
波兰	0.8138	0.8120	0.8054	0.8405	0.8318	0.8085	0.7575	0.7505
葡萄牙	0.7752	0.7690	0.7794	0.7873	0.7882	0.7857	0.7616	0.7797
斯洛伐克	0.8939	0.9071	0.9018	0.8903	0.8845	0.8730	0.8801	0.8683
斯洛文尼亚	0.8544	0.8721	0.8789	0.8866	0.8964	0.8892	0.8734	0.8908
西班牙	0.7721	0.7876	0.8152	0.7910	0.8030	0.8154	0.8129	0.8447
瑞典	0.9431	0.9651	0.9578	0.9516	0.9569	0.9600	0.9265	0.9081
瑞士	0.8090	0.8176	0.8314	0.8228	0.8237	0.8328	0.8368	0.8387
土耳其	0.4323	0.4286	0.4289	0.4420	0.4321	0.4176	0.4207	0.4217
英国	0.6890	0.7082	0.7022	0.7114	0.7278	0.7314	0.7484	0.7499
美国	0.6840	0.6866	0.6750	0.6793	0.6819	0.6886	0.6985	0.6838
巴西	0.2384	0.2513	0.2539	0.2554	0.2664	0.2440	0.2753	0.2915
印度	0.1475	0.1964	0.2006	0.1957	0.1964	0.1955	0.1751	0.1754
俄罗斯	0.8920	0.9254	0.8928	0.9047	0.9149	0.9292	0.9154	0.8538
南非	0.1807	0.1519	0.1219	0.1418	0.1647	0.1743	0.1889	0.1795
阿根廷	0.6104	0.6192	0.5971	0.5345	0.4044	0.3938	0.4703	0.5088
白俄罗斯	0.9611	0.9096	0.9571	0.9832	0.9842	0.9857	0.9877	0.9771
玻利维亚	0.0542	0.0471	0.0321	0.0387	0.0324	0.0402	0.0421	0.0506

续表

国家	福利转化效率（模型 1）							
	1998 年	1999 年	2000 年	2001 年	2002 年	2003 年	2004 年	2005 年
保加利亚	0. 9043	0. 8852	0. 8873	0. 8786	0. 8838	0. 8781	0. 8796	0. 9000
哥伦比亚	0. 0839	0. 0676	0. 0835	0. 0936	0. 0679	0. 0923	0. 1041	0. 1400
埃及	0. 5526	0. 5750	0. 5862	0. 5760	0. 5677	0. 5655	0. 5713	0. 5798
印度尼西亚	0. 2825	0. 2621	0. 2638	0. 2670	0. 2721	0. 2648	0. 2625	0. 2600
哈萨克斯坦	0. 5764	0. 5311	0. 5807	0. 5758	0. 6447	0. 6899	0. 6833	0. 7648
马来西亚	0. 4223	0. 4313	0. 4319	0. 4178	0. 4187	0. 4332	0. 4297	0. 4141
蒙古国	0. 6093	0. 6138	0. 6042	0. 5914	0. 5938	0. 5692	0. 5517	0. 5578
巴基斯坦	0. 0999	0. 1714	0. 1692	0. 1627	0. 1630	0. 2072	0. 2005	0. 2039
秘鲁	0. 1192	0. 0938	0. 1392	0. 1334	0. 1186	0. 0870	0. 1020	0. 1046
菲律宾	0. 2414	0. 2387	0. 2255	0. 2484	0. 2594	0. 2644	0. 2603	0. 2486
泰国	0. 2338	0. 2206	0. 2123	0. 2399	0. 2661	0. 2754	0. 2967	0. 3134
乌克兰	0. 7556	0. 7586	0. 6727	0. 7500	0. 8021	0. 8265	0. 7949	0. 8311
委内瑞拉	0. 2096	0. 2093	0. 2141	0. 2138	0. 1720	0. 1437	0. 1898	0. 1867
55 国均值	0. 6707	0. 6748	0. 6780	0. 6798	0. 6802	0. 6793	0. 6812	0. 6851

附表 D2　　世界 55 个国家 2006 ~ 2012 年福利转化效率（模型 1）

国家	福利转化效率（模型 1）						
	2006 年	2007 年	2008 年	2009 年	2010 年	2011 年	2012 年
中国	0. 3590	0. 3823	0. 3861	0. 4048	0. 3909	0. 4317	0. 4691
澳大利亚	0. 8342	0. 8308	0. 8204	0. 8457	0. 8595	0. 8789	0. 8940
奥地利	0. 9744	0. 9752	0. 9790	0. 9864	0. 9880	0. 9871	0. 9834
比利时	0. 8931	0. 8994	0. 8908	0. 9124	0. 9042	0. 9142	0. 9218
加拿大	0. 7291	0. 7380	0. 7203	0. 7232	0. 7293	0. 7311	0. 7299
智利	0. 4875	0. 4772	0. 4559	0. 4392	0. 4648	0. 4821	0. 4897
捷克	0. 9719	0. 9778	0. 9806	0. 9617	0. 9463	0. 9283	0. 9499

续表

国家	福利转化效率（模型 1）						
	2006 年	2007 年	2008 年	2009 年	2010 年	2011 年	2012 年
丹麦	0.9650	0.9606	0.9579	0.9323	0.9363	0.9401	0.9365
爱沙尼亚	0.9530	0.9782	0.9716	0.9463	0.9396	0.9402	0.9592
芬兰	0.9770	0.9748	0.9698	0.9673	0.9699	0.9682	0.9664
法国	0.9212	0.9174	0.9134	0.9248	0.9140	0.9113	0.9164
德国	0.9547	0.9285	0.9388	0.9631	0.9650	0.9692	0.9748
希腊	0.9522	0.9593	0.9726	0.9656	0.9377	0.9193	0.9011
匈牙利	0.9148	0.9111	0.9177	0.9146	0.8859	0.8414	0.8832
冰岛	0.9236	0.9331	0.9078	0.9197	0.9384	0.9248	0.9312
爱尔兰	0.8831	0.9065	0.8506	0.7769	0.8092	0.8150	0.8266
以色列	0.7118	0.7180	0.7159	0.7127	0.7008	0.6838	0.6783
意大利	0.8096	0.8167	0.8310	0.7903	0.7453	0.7499	0.7446
日本	0.9663	0.9631	0.9541	0.9546	0.9502	0.9551	0.9449
韩国	0.9110	0.9300	0.9418	0.9270	0.9424	0.9473	0.9593
卢森堡	0.8602	0.9120	0.8401	0.7729	0.8141	0.8369	0.8015
墨西哥	0.3621	0.3521	0.3426	0.3356	0.3267	0.3265	0.3442
荷兰	0.9632	0.9641	0.9281	0.9143	0.9128	0.9624	0.9670
新西兰	0.8564	0.8617	0.8371	0.8714	0.8702	0.8780	0.8184
挪威	0.9807	0.9842	0.9838	0.9499	0.9537	0.9595	0.9615
波兰	0.7767	0.7816	0.7917	0.8106	0.8196	0.8328	0.8396
葡萄牙	0.7875	0.7940	0.8126	0.8316	0.8563	0.8836	0.9028
斯洛伐克	0.9255	0.9345	0.9332	0.8829	0.8616	0.8209	0.8005
斯洛文尼亚	0.8988	0.9037	0.9142	0.9017	0.8986	0.8792	0.8908
西班牙	0.8505	0.8537	0.8319	0.8193	0.8456	0.8727	0.8711
瑞典	0.8952	0.9047	0.8885	0.8798	0.8849	0.8871	0.8717
瑞士	0.8500	0.8517	0.8422	0.8524	0.8544	0.8600	0.8565
土耳其	0.4597	0.4798	0.4880	0.4760	0.4834	0.4863	0.5213

续表

国家	福利转化效率（模型 1）						
	2006 年	2007 年	2008 年	2009 年	2010 年	2011 年	2012 年
英国	0. 7318	0. 7273	0. 7970	0. 7480	0. 7487	0. 7379	0. 7382
美国	0. 6790	0. 6809	0. 6891	0. 7542	0. 7021	0. 7070	0. 7077
巴西	0. 3016	0. 3172	0. 3364	0. 3394	0. 3405	0. 3445	0. 3612
印度	0. 1760	0. 1742	0. 2014	0. 2163	0. 2337	0. 2679	0. 3259
俄罗斯	0. 8562	0. 8120	0. 7718	0. 7719	0. 7452	0. 7778	0. 8226
南非	0. 1505	0. 1459	0. 1537	0. 1752	0. 1675	0. 1576	0. 1531
阿根廷	0. 5532	0. 5864	0. 6270	0. 6761	0. 7007	0. 7282	0. 7819
白俄罗斯	0. 9421	0. 9463	0. 9455	0. 9801	0. 9838	0. 9117	0. 9807
玻利维亚	0. 0568	0. 0427	0. 0628	0. 0709	0. 1009	0. 0992	0. 1048
保加利亚	0. 8558	0. 8182	0. 7714	0. 8049	0. 7890	0. 7423	0. 8270
哥伦比亚	0. 1222	0. 1245	0. 1471	0. 1694	0. 2269	0. 1686	0. 2130
埃及	0. 5604	0. 5354	0. 5289	0. 5337	0. 5415	0. 5237	0. 5318
印度尼西亚	0. 2596	0. 2726	0. 3010	0. 3116	0. 3317	0. 3366	0. 3356
哈萨克斯坦	0. 8347	0. 7988	0. 8395	0. 9294	0. 9422	0. 8583	0. 8290
马来西亚	0. 4274	0. 4218	0. 4302	0. 4013	0. 4141	0. 4130	0. 4372
蒙古国	0. 5439	0. 5333	0. 5136	0. 4911	0. 4882	0. 5395	0. 6970
巴基斯坦	0. 1940	0. 1562	0. 1403	0. 1305	0. 1110	0. 1109	0. 1103
秘鲁	0. 1362	0. 1657	0. 2189	0. 2405	0. 2485	0. 2625	0. 2804
菲律宾	0. 2401	0. 2368	0. 2299	0. 2398	0. 2314	0. 2381	0. 2653
泰国	0. 3104	0. 3319	0. 3412	0. 3512	0. 3643	0. 3897	0. 4210
乌克兰	0. 8324	0. 8279	0. 8415	0. 8636	0. 9369	0. 9245	0. 9618
委内瑞拉	0. 3014	0. 3249	0. 3427	0. 3413	0. 3272	0. 3136	0. 3267
55 国均值	0. 6901	0. 6917	0. 6918	0. 6926	0. 6960	0. 6949	0. 7083

附录 E

世界 55 个国家 1998 ~ 2012 年福利转化效率（模型 2）

附表 E1　　世界 55 个国家 1998 ~ 2005 年福利转化效率（模型 2）

国家	福利转化效率（模型 2）							
	1998 年	1999 年	2000 年	2001 年	2002 年	2003 年	2004 年	2005 年
中国	0.3431	0.3582	0.3436	0.3161	0.3033	0.2812	0.2917	0.3063
澳大利亚	0.8672	0.8703	0.8757	0.8616	0.8800	0.8817	0.8678	0.8644
奥地利	0.9685	0.9618	0.9739	0.9735	0.9603	0.9538	0.9607	0.9661
比利时	0.9827	0.9583	0.9581	0.9742	0.9734	0.9726	0.9276	0.9104
加拿大	0.7757	0.7649	0.7458	0.7498	0.7450	0.7391	0.7214	0.7203
智利	0.3585	0.3621	0.3606	0.3554	0.3545	0.3556	0.3695	0.3910
捷克	0.9604	0.9530	0.9675	0.9699	0.9683	0.9614	0.9606	0.9630
丹麦	0.9043	0.9161	0.9318	0.9405	0.9376	0.9305	0.9475	0.9600
爱沙尼亚	0.8844	0.8927	0.8953	0.8858	0.8695	0.8736	0.8592	0.8831
芬兰	0.9808	0.9787	0.9835	0.9787	0.9796	0.9782	0.9661	0.9671
法国	0.9550	0.9455	0.9367	0.9334	0.9365	0.9368	0.9339	0.9306
德国	0.9582	0.9604	0.9556	0.9534	0.9499	0.9523	0.9474	0.9566
希腊	0.8183	0.8156	0.8375	0.8544	0.8772	0.8770	0.9221	0.9586
匈牙利	0.9480	0.9459	0.9150	0.9184	0.9372	0.9356	0.9370	0.9137
冰岛	0.9260	0.9280	0.9386	0.9341	0.9468	0.9584	0.9490	0.9477
爱尔兰	0.8976	0.9226	0.9435	0.9208	0.8986	0.8810	0.8841	0.8758

续表

国家	福利转化效率（模型 2）							
	1998 年	1999 年	2000 年	2001 年	2002 年	2003 年	2004 年	2005 年
以色列	0. 7940	0. 8097	0. 7924	0. 7684	0. 7672	0. 7548	0. 7345	0. 7115
意大利	0. 8600	0. 8607	0. 8646	0. 8754	0. 8721	0. 8473	0. 8460	0. 8368
日本	0. 9710	0. 9665	0. 9691	0. 9712	0. 9698	0. 9675	0. 9675	0. 9618
韩国	0. 7837	0. 802	0. 8695	0. 8709	0. 9176	0. 8894	0. 8843	0. 8955
卢森堡	0. 9163	0. 9185	0. 8972	0. 8830	0. 8553	0. 8420	0. 8578	0. 8524
墨西哥	0. 3528	0. 3518	0. 3358	0. 3325	0. 3449	0. 3619	0. 3786	0. 3379
荷兰	0. 9096	0. 9173	0. 9094	0. 9205	0. 9054	0. 9041	0. 9124	0. 9314
新西兰	0. 8601	0. 8566	0. 8530	0. 8501	0. 8592	0. 8498	0. 8591	0. 8263
挪威	0. 8570	0. 8872	0. 9493	0. 9514	0. 9144	0. 9116	0. 9362	0. 9512
波兰	0. 8540	0. 8399	0. 8243	0. 8555	0. 8401	0. 8190	0. 7671	0. 7622
葡萄牙	0. 7934	0. 7854	0. 7893	0. 7926	0. 7889	0. 7837	0. 7551	0. 7663
斯洛伐克	0. 9219	0. 9310	0. 9237	0. 9046	0. 8952	0. 8794	0. 8728	0. 8483
斯洛文尼亚	0. 8821	0. 8908	0. 8883	0. 8914	0. 8969	0. 8831	0. 8613	0. 8734
西班牙	0. 7759	0. 7939	0. 8225	0. 7945	0. 8038	0. 8130	0. 8064	0. 8355
瑞典	0. 9621	0. 9724	0. 9638	0. 9563	0. 9607	0. 9611	0. 9245	0. 9039
瑞士	0. 8112	0. 8203	0. 8290	0. 8214	0. 8247	0. 8368	0. 8417	0. 8436
土耳其	0. 4429	0. 4365	0. 4324	0. 4434	0. 4413	0. 4285	0. 4293	0. 4226
英国	0. 7085	0. 7223	0. 7144	0. 7192	0. 7346	0. 7362	0. 7504	0. 7486
美国	0. 6813	0. 6831	0. 6755	0. 6795	0. 6841	0. 6901	0. 7007	0. 6869
巴西	0. 2493	0. 2582	0. 2578	0. 2540	0. 2611	0. 2373	0. 2661	0. 2813
印度	0. 1565	0. 2033	0. 2029	0. 1938	0. 1875	0. 1793	0. 1552	0. 1500
俄罗斯	0. 9537	0. 9695	0. 9655	0. 9631	0. 9477	0. 9585	0. 9426	0. 9228
南非	0. 1831	0. 1516	0. 1194	0. 1369	0. 1562	0. 1655	0. 1760	0. 1658
阿根廷	0. 6551	0. 6613	0. 6335	0. 5590	0. 4225	0. 4134	0. 4917	0. 5205
白俄罗斯	0. 9741	0. 9320	0. 9416	0. 9696	0. 9527	0. 9567	0. 9778	0. 9787
玻利维亚	0. 0573	0. 0498	0. 0324	0. 0409	0. 0328	0. 0393	0. 0411	0. 0461

续表

国家	福利转化效率（模型2）							
	1998 年	1999 年	2000 年	2001 年	2002 年	2003 年	2004 年	2005 年
保加利亚	0.9571	0.9174	0.8869	0.8538	0.8399	0.8255	0.8101	0.8206
哥伦比亚	0.0913	0.0701	0.0840	0.0905	0.0654	0.0873	0.0963	0.1255
埃及	0.6169	0.6189	0.6194	0.5799	0.5529	0.5386	0.5330	0.5200
印度尼西亚	0.3101	0.2939	0.2923	0.2826	0.2840	0.2731	0.2620	0.2461
哈萨克斯坦	0.6329	0.5764	0.5843	0.5875	0.6818	0.7222	0.7334	0.7835
马来西亚	0.4152	0.4178	0.4148	0.3931	0.3888	0.3932	0.3874	0.3683
蒙古国	0.5682	0.5504	0.5302	0.5163	0.5076	0.4860	0.4671	0.4632
巴基斯坦	0.1074	0.1847	0.1749	0.1629	0.1534	0.1908	0.1897	0.1903
秘鲁	0.1257	0.0965	0.1399	0.1317	0.1150	0.0837	0.0973	0.0978
菲律宾	0.2543	0.2401	0.2267	0.2400	0.2522	0.2563	0.2421	0.2298
泰国	0.2456	0.2263	0.2145	0.2381	0.2597	0.2634	0.2745	0.2819
乌克兰	0.8030	0.7906	0.7791	0.8037	0.8308	0.8497	0.8186	0.8141
委内瑞拉	0.2230	0.2215	0.2254	0.2235	0.1829	0.1535	0.2077	0.2056
55 国均值	0.6834	0.6824	0.6824	0.6797	0.6771	0.6744	0.6743	0.6744

附表 E2　　世界 55 个国家 2006～2012 年福利转化效率（模型 2）

国家	福利转化效率（模型2）						
	2006 年	2007 年	2008 年	2009 年	2010 年	2011 年	2012 年
中国	0.3094	0.3226	0.3199	0.3338	0.3255	0.3545	0.3707
澳大利亚	0.8235	0.8194	0.8068	0.8270	0.8377	0.8531	0.8687
奥地利	0.9721	0.9727	0.9760	0.9837	0.9852	0.9843	0.9836
比利时	0.8926	0.9010	0.8901	0.9102	0.9019	0.9033	0.9068
加拿大	0.7175	0.7229	0.7028	0.7011	0.7021	0.7028	0.7025
智利	0.4100	0.3998	0.3819	0.3673	0.3722	0.3817	0.3840
捷克	0.9623	0.9622	0.9654	0.9383	0.9325	0.9253	0.9128

续表

国家	福利转化效率（模型 2）						
	2006 年	2007 年	2008 年	2009 年	2010 年	2011 年	2012 年
丹麦	0. 9613	0. 9555	0. 9508	0. 9200	0. 9214	0. 9205	0. 9183
爱沙尼亚	0. 8627	0. 8994	0. 8735	0. 8185	0. 8036	0. 8027	0. 8131
芬兰	0. 9696	0. 9653	0. 9590	0. 9518	0. 9508	0. 9418	0. 9367
法国	0. 9204	0. 9153	0. 9124	0. 9197	0. 9088	0. 9018	0. 9014
德国	0. 9511	0. 9230	0. 9305	0. 9513	0. 9531	0. 9564	0. 9629
希腊	0. 9635	0. 9687	0. 9775	0. 9823	0. 9789	0. 9748	0. 9606
匈牙利	0. 8795	0. 8639	0. 8686	0. 8515	0. 8358	0. 7948	0. 7785
冰岛	0. 9264	0. 9388	0. 9167	0. 9261	0. 9428	0. 9352	0. 9438
爱尔兰	0. 8950	0. 9224	0. 8620	0. 7787	0. 8092	0. 8271	0. 8579
以色列	0. 7007	0. 7039	0. 7032	0. 6950	0. 6834	0. 6751	0. 6632
意大利	0. 8237	0. 8324	0. 8575	0. 8288	0. 8018	0. 8166	0. 8041
日本	0. 9610	0. 9585	0. 9505	0. 9418	0. 9358	0. 9348	0. 9331
韩国	0. 9068	0. 9296	0. 9232	0. 9100	0. 9352	0. 9423	0. 9470
卢森堡	0. 8879	0. 9524	0. 8895	0. 8176	0. 8650	0. 8962	0. 8732
墨西哥	0. 3712	0. 3556	0. 3421	0. 3406	0. 3398	0. 3451	0. 3475
荷兰	0. 9535	0. 9519	0. 9104	0. 8917	0. 8890	0. 9383	0. 9491
新西兰	0. 8133	0. 8098	0. 7826	0. 8072	0. 7969	0. 7930	0. 7882
挪威	0. 9823	0. 9862	0. 9882	0. 9654	0. 9691	0. 9706	0. 9776
波兰	0. 7761	0. 7602	0. 7525	0. 7505	0. 7420	0. 7404	0. 7268
葡萄牙	0. 7658	0. 7675	0. 7864	0. 8041	0. 8191	0. 8346	0. 8355
斯洛伐克	0. 8861	0. 8886	0. 8812	0. 8465	0. 8357	0. 8148	0. 7943
斯洛文尼亚	0. 8779	0. 8706	0. 875	0. 8536	0. 8498	0. 8399	0. 8346
西班牙	0. 8395	0. 8417	0. 8212	0. 8106	0. 8338	0. 8550	0. 8394
瑞典	0. 8875	0. 8939	0. 8745	0. 8614	0. 8642	0. 8622	0. 8514
瑞士	0. 8537	0. 8565	0. 8473	0. 8554	0. 8629	0. 8674	0. 8673
土耳其	0. 4516	0. 4613	0. 4506	0. 4371	0. 4432	0. 4522	0. 4555

续表

国家	福利转化效率（模型2）						
	2006 年	2007 年	2008 年	2009 年	2010 年	2011 年	2012 年
英国	0. 7281	0. 7225	0. 7953	0. 7421	0. 7423	0. 7265	0. 7300
美国	0. 6835	0. 6873	0. 6953	0. 7576	0. 7093	0. 7150	0. 7145
巴西	0. 2959	0. 3051	0. 3214	0. 3157	0. 3155	0. 3133	0. 3111
印度	0. 1412	0. 1332	0. 1535	0. 1608	0. 1703	0. 1957	0. 2172
俄罗斯	0. 9241	0. 9068	0. 8977	0. 8685	0. 8545	0. 8539	0. 8507
南非	0. 1367	0. 1276	0. 1336	0. 1514	0. 1447	0. 1395	0. 1318
阿根廷	0. 5605	0. 5925	0. 6326	0. 6803	0. 7054	0. 7266	0. 7451
白俄罗斯	0. 9791	0. 9815	0. 9866	0. 9858	0. 9864	0. 9557	0. 9527
玻利维亚	0. 0493	0. 0353	0. 0497	0. 0578	0. 0787	0. 0756	0. 0712
保加利亚	0. 7702	0. 7243	0. 7113	0. 7191	0. 7068	0. 6813	0. 6858
哥伦比亚	0. 1116	0. 1130	0. 1316	0. 1503	0. 2022	0. 1827	0. 1841
埃及	0. 4904	0. 4738	0. 4652	0. 4607	0. 4420	0. 4259	0. 4053
印度尼西亚	0. 2335	0. 2475	0. 2534	0. 2480	0. 2598	0. 2497	0. 2359
哈萨克斯坦	0. 9185	0. 9045	0. 9391	0. 9401	0. 9287	0. 8804	0. 8360
马来西亚	0. 3743	0. 3638	0. 3656	0. 3516	0. 3627	0. 3625	0. 3621
蒙古国	0. 4505	0. 4252	0. 4084	0. 4032	0. 3890	0. 4317	0. 4783
巴基斯坦	0. 1735	0. 1320	0. 1109	0. 1041	0. 0878	0. 0825	0. 0774
秘鲁	0. 1268	0. 1503	0. 1963	0. 2101	0. 2193	0. 2326	0. 2359
菲律宾	0. 2180	0. 2116	0. 2091	0. 2108	0. 2003	0. 1956	0. 1906
泰国	0. 2792	0. 3027	0. 3018	0. 3071	0. 3126	0. 3328	0. 3453
乌克兰	0. 7894	0. 7849	0. 8055	0. 8330	0. 8707	0. 8617	0. 8502
委内瑞拉	0. 3356	0. 3830	0. 4149	0. 4044	0. 3854	0. 3812	0. 4024
55 国均值	0. 6781	0. 6789	0. 6776	0. 6724	0. 6736	0. 6738	0. 6728

附录 F

世界 55 个国家 1998 ~ 2012 年福利转化效率（模型 3）

附表 F1　　世界 55 个国家 1998 ~ 2005 年福利转化效率（模型 3）

国家	福利转化效率（模型 3）							
	1998 年	1999 年	2000 年	2001 年	2002 年	2003 年	2004 年	2005 年
中国	0.3859	0.4105	0.3908	0.3820	0.3711	0.3341	0.3546	0.3698
澳大利亚	0.8963	0.8964	0.9009	0.8808	0.8950	0.8907	0.8706	0.8644
奥地利	0.9791	0.9744	0.9794	0.9773	0.9664	0.9556	0.9541	0.9512
比利时	0.9867	0.9740	0.9740	0.9802	0.9774	0.9737	0.9358	0.9158
加拿大	0.7917	0.7813	0.7600	0.7633	0.7541	0.7480	0.7281	0.7256
智利	0.3535	0.3586	0.3585	0.3547	0.3579	0.3690	0.3967	0.4274
捷克	0.9487	0.9405	0.9520	0.9432	0.9325	0.9364	0.9491	0.9555
丹麦	0.9343	0.9406	0.9518	0.9557	0.9488	0.9369	0.9472	0.9547
爱沙尼亚	0.8922	0.9154	0.9284	0.9272	0.9171	0.9247	0.9277	0.9528
芬兰	0.9797	0.9765	0.9810	0.9759	0.9759	0.9714	0.9555	0.9553
法国	0.9744	0.9689	0.9616	0.9560	0.9561	0.9473	0.9375	0.9235
德国	0.9696	0.9679	0.9667	0.9639	0.9585	0.9511	0.9353	0.9409
希腊	0.8246	0.8207	0.8418	0.8412	0.8609	0.8608	0.9039	0.9431
匈牙利	0.9331	0.9390	0.9176	0.9290	0.9429	0.9416	0.9465	0.9307
冰岛	0.9592	0.9582	0.9620	0.9554	0.9579	0.9612	0.9512	0.9443
爱尔兰	0.9210	0.9352	0.9429	0.9275	0.8948	0.8861	0.8863	0.8737

续表

国家	福利转化效率（模型 3）							
	1998 年	1999 年	2000 年	2001 年	2002 年	2003 年	2004 年	2005 年
以色列	0. 8060	0. 8237	0. 8080	0. 7753	0. 7756	0. 7658	0. 7480	0. 7248
意大利	0. 8831	0. 8842	0. 8783	0. 9012	0. 8909	0. 8628	0. 8494	0. 8381
日本	0. 9751	0. 9729	0. 9745	0. 9763	0. 9744	0. 9715	0. 9697	0. 9637
韩国	0. 7505	0. 7406	0. 8015	0. 8161	0. 8731	0. 8416	0. 8510	0. 8892
卢森堡	0. 9519	0. 9488	0. 9255	0. 9076	0. 8779	0. 8550	0. 8616	0. 8461
墨西哥	0. 3168	0. 3220	0. 3084	0. 3208	0. 3336	0. 3534	0. 3721	0. 3318
荷兰	0. 9381	0. 9428	0. 9348	0. 9405	0. 9206	0. 9158	0. 9214	0. 9362
新西兰	0. 8525	0. 8529	0. 8512	0. 8513	0. 8604	0. 8531	0. 8629	0. 8244
挪威	0. 9289	0. 9454	0. 9707	0. 9692	0. 9467	0. 9381	0. 9488	0. 9535
波兰	0. 8277	0. 8160	0. 8058	0. 8398	0. 8290	0. 7999	0. 7488	0. 7425
葡萄牙	0. 8020	0. 7923	0. 7978	0. 8009	0. 7965	0. 7841	0. 7567	0. 7657
斯洛伐克	0. 8815	0. 8889	0. 8761	0. 8761	0. 8723	0. 8610	0. 8763	0. 8685
斯洛文尼亚	0. 8812	0. 8939	0. 8932	0. 8954	0. 9034	0. 8927	0. 8730	0. 8853
西班牙	0. 7976	0. 8142	0. 8400	0. 8098	0. 8160	0. 8240	0. 8144	0. 8414
瑞典	0. 9682	0. 9754	0. 9688	0. 9627	0. 9607	0. 9581	0. 9237	0. 8981
瑞士	0. 8673	0. 8692	0. 8750	0. 8613	0. 8550	0. 8554	0. 8494	0. 8438
土耳其	0. 4047	0. 4154	0. 4221	0. 4341	0. 4187	0. 4061	0. 4133	0. 4199
英国	0. 7289	0. 7420	0. 7296	0. 7344	0. 7416	0. 7384	0. 7496	0. 7445
美国	0. 7271	0. 7248	0. 7097	0. 7095	0. 7068	0. 7092	0. 7145	0. 6941
巴西	0. 2415	0. 2552	0. 2563	0. 2584	0. 2695	0. 2465	0. 2770	0. 2930
印度	0. 1621	0. 2129	0. 2158	0. 2088	0. 2090	0. 2068	0. 1856	0. 1843
俄罗斯	0. 8111	0. 8282	0. 7639	0. 8092	0. 8723	0. 8896	0. 8879	0. 8097
南非	0. 1861	0. 1556	0. 1244	0. 1442	0. 1670	0. 1764	0. 1903	0. 1806
阿根廷	0. 5901	0. 5998	0. 5873	0. 5258	0. 3941	0. 3796	0. 4545	0. 4983
白俄罗斯	0. 9748	0. 9372	0. 9699	0. 9821	0. 9803	0. 9832	0. 9858	0. 9731
玻利维亚	0. 0577	0. 0495	0. 0343	0. 0398	0. 0341	0. 0426	0. 0445	0. 0541

续表

国家	福利转化效率（模型 3）							
	1998 年	1999 年	2000 年	2001 年	2002 年	2003 年	2004 年	2005 年
保加利亚	0.8986	0.9000	0.9063	0.9022	0.9058	0.8983	0.8960	0.9168
哥伦比亚	0.0732	0.0658	0.0832	0.0959	0.0694	0.0946	0.1068	0.1437
埃及	0.5736	0.5935	0.5995	0.5803	0.5754	0.5694	0.5721	0.5704
印度尼西亚	0.2769	0.2467	0.2507	0.2660	0.2737	0.2693	0.2726	0.2770
哈萨克斯坦	0.5519	0.5111	0.5854	0.5659	0.6060	0.6642	0.6547	0.7542
马来西亚	0.4338	0.4406	0.4383	0.4247	0.4246	0.4376	0.4337	0.4160
蒙古国	0.6729	0.6726	0.6613	0.6440	0.6469	0.6206	0.6039	0.6088
巴基斯坦	0.1089	0.1839	0.1828	0.1764	0.1774	0.2255	0.2181	0.2202
秘鲁	0.1236	0.0965	0.1424	0.1360	0.1203	0.0882	0.1033	0.1064
菲律宾	0.2579	0.2546	0.2395	0.2654	0.2753	0.2790	0.2777	0.2652
泰国	0.2366	0.2260	0.2177	0.2466	0.2738	0.2836	0.3054	0.3208
乌克兰	0.7947	0.7928	0.6115	0.7518	0.8150	0.8375	0.8007	0.8402
委内瑞拉	0.1793	0.1903	0.1980	0.2008	0.1596	0.1345	0.1745	0.1737
55 国均值	0.6822	0.6838	0.6818	0.6840	0.6833	0.6809	0.6810	0.6829

附表 F2　　世界 55 个国家 2006 ~ 2012 年福利转化效率（模型 3）

国家	福利转化效率（模型 3）						
	2006 年	2007 年	2008 年	2009 年	2010 年	2011 年	2012 年
中国	0.3796	0.4009	0.4035	0.4213	0.4074	0.4471	0.4772
澳大利亚	0.8205	0.8109	0.7868	0.8026	0.8039	0.8075	0.8206
奥地利	0.9582	0.9605	0.9613	0.9696	0.9703	0.9677	0.9673
比利时	0.8943	0.8976	0.8771	0.8878	0.8757	0.8663	0.8615
加拿大	0.7191	0.7185	0.6935	0.6828	0.6769	0.6759	0.6739
智利	0.4646	0.4550	0.4284	0.4049	0.4210	0.4318	0.4327
捷克	0.9662	0.9719	0.9749	0.9569	0.9467	0.9357	0.9454

续表

国家	福利转化效率（模型3）						
	2006 年	2007 年	2008 年	2009 年	2010 年	2011 年	2012 年
丹麦	0.9531	0.9440	0.9348	0.8870	0.8810	0.8723	0.8683
爱沙尼亚	0.9308	0.9651	0.9482	0.8907	0.8809	0.8901	0.9170
芬兰	0.9570	0.9520	0.9415	0.9121	0.8957	0.8771	0.8704
法国	0.9104	0.9009	0.8959	0.8909	0.8745	0.8588	0.8500
德国	0.9373	0.9095	0.9094	0.9157	0.9162	0.9150	0.9202
希腊	0.9483	0.9562	0.9676	0.9610	0.9380	0.9249	0.9133
匈牙利	0.9054	0.8985	0.9082	0.8986	0.8801	0.8370	0.8485
冰岛	0.9184	0.9273	0.8994	0.9008	0.9136	0.8987	0.9014
爱尔兰	0.8845	0.9078	0.8521	0.7648	0.7906	0.8042	0.8255
以色列	0.7110	0.7138	0.7102	0.7023	0.6903	0.6772	0.6657
意大利	0.8172	0.8247	0.8386	0.7966	0.7524	0.7603	0.7562
日本	0.9606	0.9557	0.9445	0.9251	0.9133	0.9007	0.8949
韩国	0.9043	0.9244	0.9377	0.9257	0.9420	0.9472	0.9554
卢森堡	0.8653	0.9099	0.8466	0.7834	0.8190	0.8388	0.8079
墨西哥	0.3592	0.3530	0.3456	0.3406	0.3330	0.3353	0.3564
荷兰	0.9520	0.9460	0.9035	0.8767	0.8699	0.9151	0.9263
新西兰	0.8114	0.8141	0.7779	0.7942	0.7843	0.7754	0.7839
挪威	0.9761	0.9800	0.9795	0.9456	0.9450	0.9415	0.9485
波兰	0.7744	0.7807	0.7849	0.7893	0.7847	0.7906	0.7813
葡萄牙	0.7671	0.7703	0.7887	0.8016	0.8134	0.8294	0.8321
斯洛伐克	0.9245	0.9317	0.9294	0.8824	0.8632	0.8311	0.8140
斯洛文尼亚	0.8800	0.8864	0.8902	0.8615	0.8545	0.8442	0.8441
西班牙	0.8459	0.8462	0.8199	0.8028	0.8226	0.8414	0.8261
瑞典	0.8790	0.8790	0.8510	0.8227	0.8261	0.8176	0.8055
瑞士	0.8491	0.8464	0.8301	0.8280	0.8297	0.8270	0.8223
土耳其	0.4610	0.4811	0.4858	0.4721	0.4789	0.4858	0.5060

续表

国家	福利转化效率（模型 3）						
	2006 年	2007 年	2008 年	2009 年	2010 年	2011 年	2012 年
英国	0. 7202	0. 7135	0. 7846	0. 7213	0. 7184	0. 6975	0. 6993
美国	0. 6867	0. 6846	0. 6836	0. 7319	0. 6829	0. 6813	0. 6723
巴西	0. 3029	0. 3185	0. 3382	0. 3370	0. 3362	0. 3386	0. 3436
印度	0. 1799	0. 1756	0. 1979	0. 2114	0. 2307	0. 2668	0. 3065
俄罗斯	0. 8216	0. 7755	0. 7311	0. 7594	0. 7366	0. 7904	0. 8455
南非	0. 1509	0. 1440	0. 1525	0. 1737	0. 1669	0. 1586	0. 1515
阿根廷	0. 5444	0. 5773	0. 6187	0. 6649	0. 6917	0. 7195	0. 7602
白俄罗斯	0. 9205	0. 9300	0. 9264	0. 9783	0. 9824	0. 9406	0. 9838
玻利维亚	0. 0608	0. 0455	0. 0672	0. 0756	0. 1079	0. 1065	0. 1076
保加利亚	0. 8739	0. 8347	0. 7888	0. 8091	0. 8005	0. 7663	0. 8341
哥伦比亚	0. 1229	0. 1253	0. 1477	0. 1700	0. 2296	0. 1734	0. 2164
埃及	0. 5551	0. 5391	0. 5305	0. 5303	0. 5261	0. 5149	0. 5083
印度尼西亚	0. 2819	0. 2970	0. 3338	0. 3491	0. 3750	0. 3830	0. 3836
哈萨克斯坦	0. 7866	0. 7544	0. 8074	0. 9433	0. 9628	0. 8984	0. 8807
马来西亚	0. 4302	0. 4229	0. 4313	0. 4047	0. 4205	0. 4208	0. 4352
蒙古国	0. 5993	0. 5839	0. 5555	0. 5242	0. 5331	0. 5906	0. 7348
巴基斯坦	0. 2108	0. 1690	0. 1556	0. 1409	0. 1199	0. 1165	0. 1119
秘鲁	0. 1396	0. 1696	0. 2226	0. 2432	0. 2554	0. 2722	0. 2865
菲律宾	0. 2567	0. 2539	0. 2467	0. 2550	0. 2490	0. 2535	0. 2652
泰国	0. 3179	0. 3409	0. 3476	0. 3577	0. 3704	0. 3940	0. 4168
乌克兰	0. 8419	0. 8358	0. 8480	0. 8660	0. 9202	0. 9166	0. 9449
委内瑞拉	0. 2825	0. 2975	0. 3155	0. 3258	0. 3214	0. 3098	0. 3279
55 国均值	0. 6851	0. 6853	0. 6829	0. 6787	0. 6801	0. 6784	0. 6881

附录 G

世界 55 个国家 1998 ~ 2012 年福利转化效率（模型 4）

附表 G1　　世界 55 个国家 1998 ~ 2005 年福利转化效率（模型 4）

国家	福利转化效率（模型 4）							
	1998 年	1999 年	2000 年	2001 年	2002 年	2003 年	2004 年	2005 年
中国	0. 3289	0. 3511	0. 3447	0. 3229	0. 3170	0. 3032	0. 3191	0. 3397
澳大利亚	0. 9016	0. 9018	0. 9048	0. 8882	0. 9005	0. 8985	0. 8823	0. 8739
奥地利	0. 9698	0. 9653	0. 9708	0. 9690	0. 9588	0. 9514	0. 9534	0. 9542
比利时	0. 9777	0. 9629	0. 9615	0. 9689	0. 9668	0. 9645	0. 9313	0. 9138
加拿大	0. 8073	0. 7920	0. 7709	0. 7717	0. 7634	0. 7533	0. 7324	0. 7269
智利	0. 3391	0. 3462	0. 3482	0. 3467	0. 3492	0. 3533	0. 3689	0. 3929
捷克	0. 9160	0. 9144	0. 9362	0. 9429	0. 9440	0. 9401	0. 9407	0. 9457
丹麦	0. 9482	0. 9500	0. 9537	0. 9556	0. 9514	0. 9443	0. 9509	0. 9557
爱沙尼亚	0. 8237	0. 8363	0. 8437	0. 8403	0. 8331	0. 8412	0. 8284	0. 8564
芬兰	0. 9742	0. 9724	0. 9753	0. 9706	0. 9708	0. 9692	0. 9586	0. 9575
法国	0. 9607	0. 9540	0. 9472	0. 9412	0. 9382	0. 9339	0. 9268	0. 9200
德国	0. 9628	0. 9620	0. 9579	0. 9539	0. 9482	0. 9454	0. 9389	0. 9429
希腊	0. 8128	0. 8115	0. 8349	0. 8520	0. 8743	0. 8750	0. 9144	0. 9414
匈牙利	0. 9010	0. 9045	0. 8800	0. 8885	0. 9118	0. 9147	0. 9199	0. 9030
冰岛	0. 9551	0. 9544	0. 9573	0. 9532	0. 9574	0. 9613	0. 9544	0. 9509
爱尔兰	0. 8651	0. 8905	0. 9128	0. 8989	0. 8844	0. 8701	0. 8743	0. 8692

续表

国家	福利转化效率（模型 4）							
	1998 年	1999 年	2000 年	2001 年	2002 年	2003 年	2004 年	2005 年
以色列	0. 7914	0. 8069	0. 7915	0. 7672	0. 7651	0. 7524	0. 7323	0. 7094
意大利	0. 8917	0. 8886	0. 8900	0. 8962	0. 8877	0. 8570	0. 8500	0. 8357
日本	0. 9666	0. 9632	0. 9632	0. 9633	0. 9616	0. 9591	0. 9574	0. 9518
韩国	0. 7534	0. 7704	0. 8231	0. 8254	0. 8630	0. 8514	0. 8523	0. 8671
卢森堡	0. 9392	0. 9378	0. 9232	0. 9097	0. 8867	0. 8668	0. 8781	0. 8633
墨西哥	0. 3278	0. 3301	0. 3219	0. 3228	0. 3384	0. 3588	0. 3784	0. 3406
荷兰	0. 9382	0. 9395	0. 9309	0. 9368	0. 9225	0. 9170	0. 9197	0. 9293
新西兰	0. 8708	0. 8666	0. 8603	0. 8547	0. 8618	0. 8495	0. 8558	0. 8246
挪威	0. 9391	0. 9487	0. 9633	0. 9624	0. 9482	0. 9443	0. 9508	0. 9525
波兰	0. 8035	0. 7980	0. 7905	0. 8249	0. 8170	0. 8032	0. 7596	0. 7617
葡萄牙	0. 7879	0. 7821	0. 7870	0. 7898	0. 7854	0. 7771	0. 7475	0. 7580
斯洛伐克	0. 8686	0. 8850	0. 8846	0. 8746	0. 8731	0. 8631	0. 8625	0. 8447
斯洛文尼亚	0. 8650	0. 8766	0. 8765	0. 8806	0. 8872	0. 8761	0. 8566	0. 8690
西班牙	0. 7877	0. 8057	0. 8345	0. 8046	0. 8116	0. 8184	0. 8097	0. 8362
瑞典	0. 9653	0. 9701	0. 9643	0. 9593	0. 9604	0. 9587	0. 9327	0. 9134
瑞士	0. 8870	0. 8887	0. 8899	0. 8758	0. 8705	0. 8744	0. 8722	0. 8671
土耳其	0. 4025	0. 4064	0. 4092	0. 4230	0. 4284	0. 4226	0. 4280	0. 4250
英国	0. 7435	0. 7545	0. 7445	0. 7457	0. 7574	0. 7552	0. 7651	0. 7591
美国	0. 7303	0. 7284	0. 7161	0. 7135	0. 7114	0. 7114	0. 7171	0. 6983
巴西	0. 2334	0. 2448	0. 2477	0. 2471	0. 2574	0. 2374	0. 2691	0. 2878
印度	0. 1592	0. 2114	0. 2165	0. 2118	0. 2113	0. 2072	0. 1841	0. 1817
俄罗斯	0. 8887	0. 9054	0. 9124	0. 9196	0. 9195	0. 9363	0. 9295	0. 9247
南非	0. 1698	0. 1427	0. 1139	0. 1323	0. 1529	0. 1645	0. 1773	0. 1690
阿根廷	0. 5786	0. 5919	0. 5760	0. 5187	0. 4023	0. 4015	0. 4827	0. 5151
白俄罗斯	0. 9317	0. 8963	0. 9188	0. 9540	0. 9478	0. 9566	0. 9729	0. 9753
玻利维亚	0. 0560	0. 0501	0. 0334	0. 0435	0. 0358	0. 0441	0. 0472	0. 0545

续表

国家	福利转化效率（模型 4）							
	1998 年	1999 年	2000 年	2001 年	2002 年	2003 年	2004 年	2005 年
保加利亚	0. 9029	0. 8757	0. 8564	0. 8397	0. 8378	0. 8355	0. 8316	0. 8515
哥伦比亚	0. 0837	0. 0658	0. 0799	0. 0882	0. 0651	0. 0884	0. 0991	0. 1309
埃及	0. 5848	0. 5988	0. 6089	0. 5845	0. 5753	0. 5714	0. 5760	0. 5726
印度尼西亚	0. 2979	0. 2897	0. 2947	0. 2924	0. 3006	0. 2958	0. 2895	0. 2763
哈萨克斯坦	0. 5969	0. 5540	0. 5612	0. 5705	0. 6638	0. 7225	0. 7537	0. 7976
马来西亚	0. 3754	0. 3835	0. 3859	0. 3726	0. 3733	0. 3838	0. 3824	0. 3699
蒙古国	0. 5581	0. 5570	0. 5544	0. 5580	0. 5636	0. 5531	0. 5407	0. 5489
巴基斯坦	0. 1085	0. 1922	0. 1879	0. 1808	0. 1756	0. 2249	0. 2295	0. 2341
秘鲁	0. 1181	0. 0923	0. 1362	0. 1305	0. 1158	0. 0857	0. 1012	0. 1035
菲律宾	0. 2472	0. 2397	0. 2324	0. 2525	0. 2724	0. 2830	0. 2741	0. 2665
泰国	0. 2304	0. 2168	0. 2097	0. 2375	0. 2637	0. 2721	0. 2882	0. 3009
乌克兰	0. 7765	0. 7838	0. 7898	0. 8238	0. 8580	0. 8930	0. 8724	0. 8714
委内瑞拉	0. 2091	0. 2094	0. 2151	0. 2152	0. 1783	0. 1518	0. 2054	0. 2065
55 国均值	0. 6756	0. 6772	0. 6787	0. 6786	0. 6789	0. 6785	0. 6798	0. 6806

附表 G2　　世界 55 个国家 2006～2012 年福利转化效率（模型 4）

国家	福利转化效率（模型 4）						
	2006 年	2007 年	2008 年	2009 年	2010 年	2011 年	2012 年
中国	0. 3469	0. 3654	0. 3668	0. 3875	0. 3812	0. 4190	0. 4420
澳大利亚	0. 8287	0. 8203	0. 8016	0. 8167	0. 8203	0. 8271	0. 8362
奥地利	0. 9576	0. 9558	0. 9565	0. 9621	0. 9628	0. 9601	0. 9561
比利时	0. 8943	0. 8963	0. 8782	0. 8845	0. 8744	0. 8695	0. 8646
加拿大	0. 7202	0. 7224	0. 6990	0. 6929	0. 6897	0. 6865	0. 6819
智利	0. 4113	0. 4054	0. 3936	0. 3832	0. 3909	0. 4031	0. 4074
捷克	0. 9464	0. 9470	0. 9506	0. 9363	0. 9343	0. 9313	0. 9257

续表

国家	福利转化效率（模型 4）						
	2006 年	2007 年	2008 年	2009 年	2010 年	2011 年	2012 年
丹麦	0. 9534	0. 9449	0. 9369	0. 9068	0. 9019	0. 8950	0. 8867
爱沙尼亚	0. 8502	0. 8754	0. 8721	0. 8368	0. 8265	0. 8258	0. 8376
芬兰	0. 9575	0. 9517	0. 9435	0. 9282	0. 9209	0. 9079	0. 8958
法国	0. 9077	0. 8978	0. 8882	0. 8805	0. 8632	0. 8512	0. 8442
德国	0. 9375	0. 9125	0. 9136	0. 9209	0. 9196	0. 9198	0. 9228
希腊	0. 9453	0. 9489	0. 9567	0. 9611	0. 9575	0. 9521	0. 9408
匈牙利	0. 8757	0. 8656	0. 8750	0. 8657	0. 8555	0. 8176	0. 8080
冰岛	0. 9327	0. 9364	0. 9134	0. 9139	0. 9218	0. 9089	0. 9107
爱尔兰	0. 8789	0. 9012	0. 8556	0. 7710	0. 7954	0. 8067	0. 8304
以色列	0. 6985	0. 7015	0. 7001	0. 6915	0. 6794	0. 6701	0. 6573
意大利	0. 8193	0. 8244	0. 8420	0. 8055	0. 7739	0. 7865	0. 7744
日本	0. 9491	0. 9446	0. 9356	0. 9228	0. 9138	0. 9061	0. 8957
韩国	0. 8809	0. 9017	0. 9029	0. 8991	0. 9187	0. 9265	0. 9317
卢森堡	0. 8780	0. 9171	0. 8653	0. 8044	0. 8364	0. 8531	0. 8269
墨西哥	0. 3768	0. 3638	0. 3532	0. 3563	0. 3580	0. 3663	0. 3716
荷兰	0. 9427	0. 9383	0. 8982	0. 8799	0. 8727	0. 9132	0. 9199
新西兰	0. 8093	0. 8018	0. 7769	0. 8001	0. 7884	0. 7826	0. 7750
挪威	0. 9662	0. 9720	0. 9716	0. 9471	0. 9458	0. 9414	0. 9465
波兰	0. 7804	0. 7687	0. 7641	0. 7643	0. 7585	0. 7615	0. 7515
葡萄牙	0. 7591	0. 7610	0. 7777	0. 7893	0. 8019	0. 8182	0. 8221
斯洛伐克	0. 8838	0. 8888	0. 8858	0. 8622	0. 8537	0. 8371	0. 8208
斯洛文尼亚	0. 8689	0. 8676	0. 8715	0. 8488	0. 8426	0. 8318	0. 8304
西班牙	0. 8386	0. 8385	0. 8135	0. 7944	0. 8141	0. 8331	0. 8189
瑞典	0. 8943	0. 8948	0. 8708	0. 8483	0. 8478	0. 8400	0. 8225
瑞士	0. 8697	0. 8652	0. 8485	0. 8484	0. 8482	0. 8453	0. 8382
土耳其	0. 4575	0. 4710	0. 4648	0. 4564	0. 4644	0. 4759	0. 4838

续表

国家	福利转化效率（模型 4）						
	2006 年	2007 年	2008 年	2009 年	2010 年	2011 年	2012 年
英国	0. 7337	0. 7238	0. 7902	0. 7266	0. 7228	0. 7036	0. 7019
美国	0. 6879	0. 6851	0. 6829	0. 7312	0. 6777	0. 6758	0. 6693
巴西	0. 3057	0. 3178	0. 3380	0. 3336	0. 3335	0. 3346	0. 3351
印度	0. 1743	0. 1679	0. 1947	0. 2075	0. 2253	0. 2632	0. 2983
俄罗斯	0. 9269	0. 9241	0. 9239	0. 9149	0. 9063	0. 9112	0. 9108
南非	0. 1409	0. 1328	0. 1406	0. 1618	0. 1565	0. 1523	0. 1452
阿根廷	0. 5607	0. 5943	0. 6383	0. 6813	0. 7112	0. 7355	0. 7567
白俄罗斯	0. 9770	0. 9795	0. 9835	0. 9840	0. 9845	0. 9764	0. 9777
玻利维亚	0. 0597	0. 0438	0. 0632	0. 0748	0. 1048	0. 1031	0. 0993
保加利亚	0. 8072	0. 7668	0. 7633	0. 7840	0. 7827	0. 7649	0. 7820
哥伦比亚	0. 1182	0. 1211	0. 1429	0. 1655	0. 2259	0. 2066	0. 2111
埃及	0. 5543	0. 5459	0. 5415	0. 5421	0. 5301	0. 5231	0. 5094
印度尼西亚	0. 2679	0. 2907	0. 3003	0. 2988	0. 3159	0. 3061	0. 2915
哈萨克斯坦	0. 9135	0. 9163	0. 9359	0. 9476	0. 9501	0. 9339	0. 9135
马来西亚	0. 3775	0. 3714	0. 3766	0. 3728	0. 3866	0. 3907	0. 3940
蒙古国	0. 5424	0. 5219	0. 5121	0. 5180	0. 5141	0. 5724	0. 6402
巴基斯坦	0. 2198	0. 1716	0. 1510	0. 1435	0. 1242	0. 1189	0. 1132
秘鲁	0. 1365	0. 1636	0. 2153	0. 2343	0. 2475	0. 2656	0. 2722
菲律宾	0. 2586	0. 2562	0. 2585	0. 2653	0. 2582	0. 2569	0. 2537
泰国	0. 3026	0. 3327	0. 3364	0. 349	0. 3592	0. 3870	0. 4044
乌克兰	0. 8597	0. 8620	0. 8900	0. 9247	0. 9441	0. 9482	0. 9535
委内瑞拉	0. 3393	0. 3927	0. 4311	0. 4280	0. 4149	0. 4148	0. 4416
55 国均值	0. 6840	0. 6849	0. 6849	0. 6809	0. 6820	0. 6833	0. 6835

附录 H

世界 55 个国家 1998~2012 年“差距”

附表 H1　　世界 55 个国家 1998~2005 年“差距”

国家	最优努力度与实际努力度的“差距”							
	1998 年	1999 年	2000 年	2001 年	2002 年	2003 年	2004 年	2005 年
中国	7.137	5.996	7.383	8.661	9.194	9.156	8.709	8.081
澳大利亚	13.700	15.350	13.570	14.240	15.790	16.080	14.480	15.890
奥地利	0.889	1.977	4.734	5.330	6.013	4.441	4.886	3.607
比利时	-0.699	2.275	5.134	4.047	5.648	7.614	8.447	8.582
加拿大	12.770	14.750	14.390	14.110	14.110	14.460	13.840	15.200
智利	6.498	6.228	6.461	6.116	6.301	7.700	8.410	7.669
捷克	-21.720	-22.000	-21.910	-20.600	-19.130	-18.740	-16.120	-15.310
丹麦	15.070	17.290	19.870	19.050	18.270	17.080	17.740	18.600
爱沙尼亚	-24.070	-23.100	-20.460	-18.050	-16.480	-14.360	-11.240	-10.490
芬兰	8.738	10.750	16.800	18.060	17.650	15.450	15.270	15.770
法国	-8.264	-6.180	-3.281	-3.465	-4.580	-4.066	-3.156	-1.151
德国	-7.457	-6.750	-3.615	-3.104	-2.903	-3.903	-1.326	-0.252
希腊	-20.840	-17.800	-15.900	-15.010	-14.180	-10.990	-12.450	-16.760
匈牙利	-34.210	-32.700	-28.370	-26.760	-28.380	-29.620	-27.270	-27.140
冰岛	21.210	20.940	21.160	20.630	18.610	17.890	18.070	18.860
爱尔兰	36.470	37.520	37.980	35.930	33.360	32.040	31.100	29.160
以色列	-5.899	-6.310	-3.448	-4.104	-4.950	-4.057	-1.216	1.451
意大利	-1.645	-1.960	1.534	2.032	0.803	-0.053	0.127	0.764

续表

国家	最优努力度与实际努力度的“差距”							
	1998 年	1999 年	2000 年	2001 年	2002 年	2003 年	2004 年	2005 年
日本	20.080	18.640	21.060	21.270	19.970	20.100	21.490	19.930
韩国	-7.803	-2.510	1.477	2.635	4.900	4.237	4.658	4.368
卢森堡	35.050	35.640	34.570	33.220	30.650	29.660	29.450	29.660
墨西哥	9.351	9.634	7.909	7.583	7.445	6.974	7.583	6.522
荷兰	17.470	19.650	20.850	19.750	19.130	19.430	20.130	22.190
新西兰	-2.028	1.154	3.266	6.044	8.044	10.550	12.450	12.810
挪威	15.210	18.580	28.270	27.750	21.250	18.060	22.240	25.690
波兰	-33.560	-31.600	-29.290	-34.680	-32.980	-29.320	-22.470	-19.460
葡萄牙	-11.640	-11.800	-12.420	-12.600	-12.200	-14.510	-12.910	-13.090
斯洛伐克	-29.210	-29.800	-27.000	-26.840	-26.100	-20.940	-20.080	-18.880
斯洛文尼亚	-25.060	-23.600	-23.220	-23.230	-22.250	-18.830	-14.680	-14.040
西班牙	-5.805	-4.070	-4.050	-1.569	-1.322	-1.402	0.742	0.243
瑞典	13.760	17.420	18.100	15.540	14.320	14.200	15.500	14.770
瑞士	11.480	11.730	13.930	12.170	12.330	11.800	11.940	11.630
土耳其	9.787	7.520	6.758	6.742	6.869	6.650	5.693	4.447
英国	8.464	9.330	8.415	7.126	8.080	7.228	7.385	8.500
美国	5.226	6.110	5.352	3.875	2.602	2.160	2.625	3.811
巴西	3.735	4.391	4.626	5.384	5.816	4.912	4.516	4.596
印度	1.815	1.847	1.525	1.121	1.367	1.593	2.032	2.096
俄罗斯	-23.040	-16.200	-12.360	-14.370	-20.600	-19.960	-19.140	-16.280
南非	4.697	3.866	3.177	3.765	4.481	4.525	4.669	4.452
阿根廷	-35.520	-35.300	-32.180	-23.450	-7.871	-4.466	-10.940	-14.490
白俄罗斯	-41.330	-39.100	-40.400	-45.090	-44.290	-42.980	-40.350	-39.520
玻利维亚	1.149	0.830	0.723	0.709	0.634	0.798	0.677	1.051
保加利亚	-37.450	-36.200	-30.300	-30.970	-29.740	-28.330	-28.680	-27.520
哥伦比亚	2.257	1.961	2.659	2.864	1.978	2.652	3.068	4.385

续表

国家	最优努力度与实际努力度的“差距”							
	1998 年	1999 年	2000 年	2001 年	2002 年	2003 年	2004 年	2005 年
埃及	-25.270	-27.300	-29.130	-26.290	-23.640	-23.600	-24.280	-24.330
印度尼西亚	8.231	7.777	8.341	9.030	9.716	9.856	10.550	11.410
哈萨克斯坦	-12.020	-8.050	-4.907	-2.459	-2.211	-7.678	-12.980	-9.721
马来西亚	7.243	7.099	7.694	8.073	8.453	7.558	8.272	8.732
蒙古国	-13.280	-13.100	-12.620	-13.070	-12.770	-10.950	-7.988	-8.537
巴基斯坦	1.186	2.075	2.379	2.455	2.627	3.539	3.621	2.885
秘鲁	1.528	1.164	1.723	1.652	1.436	1.051	1.254	1.716
菲律宾	3.838	4.227	4.964	6.189	5.973	4.963	6.569	6.069
泰国	5.833	5.453	5.112	5.829	6.655	6.848	7.200	7.318
乌克兰	-30.150	-27.400	-14.750	-32.900	-43.360	-42.800	-38.570	-46.850
委内瑞拉	3.324	4.058	4.754	5.368	4.682	4.285	6.097	5.820
55 国均值	14.020	13.740	13.390	13.510	13.180	12.670	12.500	12.590

附表 H2　　世界 55 个国家 2006 ~ 2012 年“差距”

国家	最优努力度与实际努力度的“差距”						
	2006 年	2007 年	2008 年	2009 年	2010 年	2011 年	2012 年
中国	7.899	6.353	6.444	4.969	5.784	3.050	0.908
澳大利亚	15.540	14.300	10.630	11.650	9.957	8.327	8.535
奥地利	5.504	6.018	6.022	1.765	2.399	5.375	5.803
比利时	9.475	9.075	6.694	2.760	5.053	4.996	3.930
加拿大	15.650	15.090	13.770	10.730	10.340	10.530	10.320
智利	8.484	8.965	8.465	7.141	8.478	7.901	7.583
捷克	-13.350	-10.560	-8.397	-14.850	-14.400	-12.600	-13.640
丹麦	20.380	21.740	21.940	14.370	14.050	14.170	13.900
爱沙尼亚	-11.200	-5.378	-11.120	-18.460	-17.000	-12.500	-9.252

续表

国家	最优努力度与实际努力度的“差距”						
	2006年	2007年	2008年	2009年	2010年	2011年	2012年
芬兰	17.260	18.680	16.560	7.078	5.659	6.554	5.675
法国	0.257	0.541	0.187	-3.602	-3.660	-2.960	-2.941
德国	4.300	6.681	6.537	1.634	3.065	4.427	4.787
希腊	-14.280	-13.510	-15.980	-19.430	-17.300	-19.700	-18.570
匈牙利	-23.530	-21.260	-19.280	-21.680	-19.000	-16.400	-15.800
冰岛	18.750	19.660	18.450	15.820	16.700	16.570	17.070
爱尔兰	30.860	31.300	22.410	15.230	16.830	19.900	22.430
以色列	3.911	4.877	4.769	5.055	8.221	9.463	10.180
意大利	3.447	4.733	1.951	-1.394	0.558	1.473	2.038
日本	20.110	20.480	18.250	11.810	12.420	9.845	7.440
韩国	5.290	7.157	5.560	3.002	6.277	6.554	6.716
卢森堡	33.100	37.980	32.260	25.040	28.310	30.530	28.490
墨西哥	7.882	7.775	7.907	8.538	8.530	8.987	9.945
荷兰	23.380	24.120	24.560	20.540	20.510	22.380	22.770
新西兰	13.870	16.940	13.420	11.560	11.530	12.240	12.270
挪威	34.440	32.290	35.110	24.430	25.510	27.580	28.720
波兰	-20.210	-18.780	-18.930	-20.880	-20.500	-18.600	-17.320
葡萄牙	-11.050	-9.790	-11.870	-16.640	-17.200	-17.700	-17.610
斯洛伐克	-18.170	-16.090	-14.620	-19.070	-18.700	-14.100	-11.860
斯洛文尼亚	-17.150	-6.015	-4.673	-11.700	-12.600	-12.200	-11.370
西班牙	3.588	5.194	2.686	-3.077	-4.080	-4.140	-2.447
瑞典	16.290	16.940	14.730	9.050	12.310	12.710	11.590
瑞士	14.870	16.200	16.310	13.890	13.500	14.890	16.000
土耳其	2.997	1.121	1.505	0.254	0.271	0.856	0.157
英国	8.899	10.050	9.945	4.819	5.743	6.352	6.203
美国	3.019	2.984	0.942	-1.451	-1.450	-1.610	-1.190

续表

国家	最优努力度与实际努力度的“差距”						
	2006 年	2007 年	2008 年	2009 年	2010 年	2011 年	2012 年
巴西	4. 399	4. 402	4. 900	3. 377	2. 608	2. 851	2. 619
印度	2. 090	2. 353	1. 376	1. 602	2. 285	2. 510	2. 731
俄罗斯	-13. 080	-12. 820	-10. 320	-17. 590	-18. 600	-21. 800	-27. 550
南非	3. 791	3. 680	4. 130	4. 400	4. 289	3. 765	3. 230
阿根廷	-17. 460	-20. 700	-23. 760	-30. 110	-31. 400	-33. 200	-36. 090
白俄罗斯	-34. 790	-35. 320	-30. 390	-38. 950	-41. 400	-27. 400	-30. 340
玻利维亚	1. 230	0. 928	1. 671	1. 429	2. 387	2. 498	2. 559
保加利亚	-22. 350	-18. 580	-18. 680	-26. 890	-24. 800	-19. 400	-21. 240
哥伦比亚	2. 051	2. 182	2. 517	2. 758	4. 016	3. 324	4. 536
埃及	-21. 000	-18. 910	-18. 910	-19. 950	-19. 100	-17. 700	-16. 640
印度尼西亚	11. 890	12. 500	15. 050	14. 940	14. 600	15. 110	15. 890
哈萨克斯坦	-5. 497	-4. 474	-2. 926	-8. 873	-10. 200	-8. 770	-9. 149
马来西亚	9. 511	10. 020	10. 280	9. 067	9. 565	9. 601	8. 911
蒙古国	-5. 426	-4. 810	-5. 337	-8. 263	-4. 790	-7. 690	-14. 080
巴基斯坦	3. 297	2. 640	3. 824	2. 091	1. 562	1. 175	0. 801
秘鲁	3. 045	3. 852	4. 621	4. 848	6. 304	7. 354	7. 665
菲律宾	5. 853	5. 907	5. 274	4. 099	4. 970	4. 651	4. 436
泰国	7. 074	7. 367	6. 342	5. 063	4. 769	1. 683	-0. 328
乌克兰	-45. 100	-45. 000	-48. 250	-56. 690	-67. 700	-65. 000	-65. 920
委内瑞拉	9. 792	9. 689	9. 728	6. 700	8. 384	8. 183	8. 767
55 国均值	12. 860	12. 630	12. 020	11. 840	12. 390	12. 030	12. 160

附录 I

世界 55 个国家 1998 ~ 2012 年福利转化的困难指数

附表 I1　　世界 55 个国家 1998 ~ 2005 年福利转化的困难指数

国家	福利转化的困难指数							
	1998 年	1999 年	2000 年	2001 年	2002 年	2003 年	2004 年	2005 年
中国	435. 500	338. 300	351. 600	335. 300	301. 800	246. 300	213. 300	180. 100
澳大利亚	30. 250	33. 040	29. 280	29. 340	32. 340	31. 940	27. 760	29. 590
奥地利	2. 258	4. 782	11. 350	12. 620	13. 580	9. 803	10. 640	7. 750
比利时	1. 907	5. 607	12. 200	9. 842	13. 500	17. 960	17. 970	17. 580
加拿大	26. 350	28. 530	26. 040	25. 450	24. 750	24. 750	22. 580	23. 950
智利	28. 360	28. 310	28. 390	26. 140	26. 670	32. 070	34. 190	31. 350
捷克	160. 000	159. 100	156. 700	143. 800	130. 400	122. 100	99. 630	89. 600
丹麦	27. 370	30. 670	34. 200	32. 960	31. 330	28. 900	29. 820	30. 920
爱沙尼亚	250. 100	240. 500	192. 100	156. 400	131. 400	105. 500	74. 880	65. 600
芬兰	23. 970	28. 210	42. 320	43. 500	42. 120	36. 300	33. 340	33. 460
法国	21. 530	15. 420	7. 840	8. 089	10. 600	9. 323	7. 033	2. 515
德国	19. 270	17. 090	8. 817	7. 398	6. 837	9. 166	3. 045	0. 579
希腊	78. 100	64. 790	57. 420	53. 310	50. 210	36. 930	42. 330	58. 380
匈牙利	303. 900	281. 400	226. 600	207. 200	215. 700	216. 600	190. 900	178. 100
冰岛	37. 160	35. 710	35. 370	33. 390	30. 930	29. 660	27. 610	26. 930
爱尔兰	62. 020	59. 550	56. 690	51. 870	46. 400	43. 440	41. 830	38. 200

续表

国家	福利转化的困难指数							
	1998 年	1999 年	2000 年	2001 年	2002 年	2003 年	2004 年	2005 年
以色列	19.520	21.140	10.710	12.700	15.600	12.610	3.562	3.991
意大利	4.105	4.809	3.643	4.779	1.868	0.121	0.283	1.668
日本	47.700	44.120	48.640	49.030	46.020	45.460	47.190	42.850
韩国	37.380	11.010	6.203	10.660	18.940	16.100	17.030	15.660
卢森堡	37.930	35.750	31.780	29.820	26.460	24.960	24.560	23.270
墨西哥	33.330	33.620	25.700	25.120	26.030	25.860	28.730	21.790
荷兰	37.580	40.510	40.850	38.850	37.010	37.270	37.970	41.420
新西兰	6.068	3.276	9.011	16.030	20.790	26.160	30.260	29.560
挪威	20.340	24.710	36.150	35.020	26.590	22.660	26.880	29.970
波兰	348.100	310.600	273.400	331.200	307.500	258.600	178.200	149.300
葡萄牙	42.560	41.470	42.360	42.610	40.980	48.920	41.470	42.520
斯洛伐克	298.700	311.200	277.900	261.900	242.300	182.200	165.400	142.300
斯洛文尼亚	122.900	111.500	105.500	103.200	96.150	78.120	57.050	53.340
西班牙	16.280	11.220	11.110	4.052	3.403	3.591	1.849	0.614
瑞典	33.150	40.870	39.770	33.510	30.450	29.490	29.260	26.420
瑞士	17.230	17.480	20.090	17.300	17.500	16.980	16.860	16.030
土耳其	52.850	43.760	37.490	41.700	41.050	37.730	30.120	21.720
英国	15.680	17.100	14.680	12.270	13.860	11.980	12.090	13.460
美国	8.034	9.049	7.589	5.485	3.646	2.975	3.552	4.909
巴西	17.110	21.450	22.160	25.830	28.640	22.330	22.070	23.470
印度	666.500	825.100	521.000	270.600	278.400	217.100	168.300	130.700
俄罗斯	566.200	369.700	252.900	278.000	378.600	343.800	299.200	235.900
南非	15.070	10.360	6.600	8.961	12.000	12.820	13.760	11.960
阿根廷	308.200	333.600	307.300	218.900	67.190	35.680	96.760	125.600
白俄罗斯	2188.000	1866.000	1832.000	2008.000	1807.000	1628.000	1406.000	1236.000
玻利维亚	11.470	7.599	4.451	5.647	4.134	6.295	5.364	9.257

续表

国家	福利转化的困难指数							
	1998 年	1999 年	2000 年	2001 年	2002 年	2003 年	2004 年	2005 年
保加利亚	1319.000	1196.000	913.000	847.300	748.500	660.400	610.700	552.400
哥伦比亚	5.390	3.975	6.310	7.523	3.797	6.725	8.332	15.120
埃及	2011.000	2040.000	2034.000	1717.000	1533.000	1470.000	1454.000	1377.000
印度尼西亚	378.800	353.500	360.000	370.300	386.000	361.500	353.300	335.900
哈萨克斯坦	358.500	212.700	116.800	50.020	45.840	157.200	252.200	176.400
马来西亚	51.890	49.770	50.360	52.140	52.560	46.410	47.840	47.290
蒙古国	2824.000	2577.000	2456.000	2388.000	2111.000	1511.000	862.900	819.400
巴基斯坦	204.400	561.500	530.100	534.700	501.200	699.000	533.500	326.800
秘鲁	6.958	4.176	8.958	8.363	6.153	3.218	4.332	5.729
菲律宾	148.500	156.800	173.200	233.000	234.100	188.400	225.500	191.800
泰国	67.810	57.040	49.270	62.810	75.460	74.120	77.060	77.810
乌克兰	3121.000	2854.000	1355.000	2551.000	3073.000	2748.000	2020.000	2271.000
委内瑞拉	10.250	13.740	16.210	17.960	14.670	12.760	20.410	17.940
55 国均值	306.500	290.400	240.400	251.300	244.100	219.300	183.300	172.300

附表 I2　　世界 55 个国家 2006～2012 年福利转化的困难指数

国家	福利转化的困难指数						
	2006 年	2007 年	2008 年	2009 年	2010 年	2011 年	2012 年
中国	151.800	107.500	97.240	71.010	72.000	37.540	10.780
澳大利亚	26.820	24.120	17.770	19.770	16.900	14.020	14.390
奥地利	11.590	12.230	12.130	3.759	5.049	10.950	11.640
比利时	18.550	17.470	12.610	5.427	9.680	9.436	7.439
加拿大	23.980	23.060	20.440	16.590	15.610	15.580	15.110
智利	33.860	33.840	30.800	26.150	29.880	27.370	25.420
捷克	72.970	54.460	42.410	78.630	74.310	63.170	68.830

续表

国家	福利转化的困难指数						
	2006 年	2007 年	2008 年	2009 年	2010 年	2011 年	2012 年
丹麦	32.480	33.380	33.530	22.930	22.100	21.940	21.460
爱沙尼亚	63.930	28.200	62.840	120.400	106.600	70.270	49.860
芬兰	35.130	35.600	31.260	14.460	11.140	12.390	10.720
法国	0.545	1.114	0.382	7.522	7.401	5.831	5.764
德国	9.456	13.690	13.260	3.509	6.327	8.867	9.585
希腊	47.800	44.260	53.630	68.240	63.430	76.460	74.960
匈牙利	143.300	127.400	115.200	137.800	117.400	95.350	91.470
冰岛	25.370	25.810	23.740	21.950	24.240	23.080	23.610
爱尔兰	39.270	40.360	30.330	20.570	23.660	27.460	31.470
以色列	10.170	12.150	11.600	12.210	18.710	20.700	21.540
意大利	7.266	9.950	4.267	3.090	1.175	3.151	4.405
日本	42.260	41.720	37.220	25.290	25.110	19.830	14.600
韩国	18.400	24.190	18.780	10.310	20.650	21.280	21.670
卢森堡	24.670	27.100	23.210	19.230	21.780	23.590	22.120
墨西哥	27.970	26.100	25.730	29.880	28.740	30.080	32.710
荷兰	43.140	42.430	39.800	34.590	33.890	38.560	40.200
新西兰	31.190	36.420	29.200	26.010	25.790	26.830	26.070
挪威	38.480	37.250	39.760	28.630	29.810	31.420	32.330
波兰	149.000	127.200	121.000	131.300	124.200	107.900	97.440
葡萄牙	35.600	30.980	38.420	56.160	57.810	61.330	63.270
斯洛伐克	131.100	105.000	89.610	122.000	113.800	80.940	65.340
斯洛文尼亚	61.820	20.240	15.290	41.130	43.640	41.580	39.620
西班牙	8.855	12.600	6.394	7.498	10.230	10.650	6.279
瑞典	27.270	27.640	23.800	15.280	19.570	19.580	17.510
瑞士	19.780	20.720	20.230	17.920	16.940	18.390	19.440
土耳其	14.840	5.514	7.345	1.301	1.306	3.922	0.726

续表

国家	福利转化的困难指数						
	2006 年	2007 年	2008 年	2009 年	2010 年	2011 年	2012 年
英国	13. 320	14. 430	15. 840	7. 510	8. 823	9. 458	9. 327
美国	3. 774	3. 687	1. 173	2. 001	1. 826	1. 996	1. 437
巴西	23. 080	22. 690	25. 690	17. 560	12. 580	13. 550	12. 440
印度	99. 160	87. 420	52. 610	55. 310	77. 760	90. 110	106. 700
俄罗斯	171. 200	154. 000	117. 300	218. 100	216. 900	245. 600	299. 400
南非	8. 090	7. 060	8. 148	10. 320	9. 520	7. 943	6. 405
阿根廷	153. 200	178. 200	205. 700	257. 300	264. 800	274. 300	291. 700
白俄罗斯	972. 200	905. 500	720. 600	923. 200	903. 000	521. 200	571. 000
玻利维亚	11. 190	5. 855	14. 120	13. 600	30. 690	29. 780	27. 630
保加利亚	390. 700	284. 400	265. 500	416. 500	379. 700	276. 000	303. 500
哥伦比亚	5. 987	6. 145	8. 163	10. 320	19. 970	14. 270	19. 290
埃及	1075. 000	878. 800	793. 800	791. 700	707. 200	646. 300	590. 700
印度尼西亚	314. 900	331. 100	375. 200	347. 000	325. 200	294. 300	266. 700
哈萨克斯坦	98. 560	74. 390	46. 760	147. 500	160. 300	127. 700	125. 800
马来西亚	49. 780	49. 180	49. 190	45. 690	46. 570	45. 570	40. 920
蒙古国	444. 300	320. 700	305. 500	493. 200	265. 200	370. 100	645. 400
巴基斯坦	300. 300	169. 000	224. 800	108. 400	69. 860	47. 830	28. 360
秘鲁	12. 500	17. 310	24. 700	28. 220	35. 620	41. 720	42. 080
菲律宾	168. 800	155. 400	133. 700	105. 800	114. 800	103. 200	89. 340
泰国	71. 400	77. 070	65. 020	55. 420	49. 180	18. 630	3. 523
乌克兰	1954. 000	1742. 000	1837. 000	2689. 000	3010. 000	2749. 000	2840. 000
委内瑞拉	45. 240	48. 450	51. 660	37. 860	47. 340	44. 890	48. 970
55 国均值	141. 900	123. 200	118. 400	146. 900	146. 000	129. 900	136. 300

后　　记

时光荏苒，岁月如歌。弹指一挥间，我从美丽的厦门大学博士毕业，来到朝气蓬勃的珠海金融投资控股集团，从事博士后研究工作已经有近三年的时间了。这本书正是我在厦门大学和珠海金融投资控股集团从事相关科研工作的主要成果总结。这是一本兼具经济学和社会学交叉背景、运用了多种技术手法的学术专著。为了完成这部著作，我先后查阅和学习了10个跨学科的英文国际数据库，进行了长达10个多月不分昼夜地数据收集和整理，对世界55个主要国家26400个数据进行多达数百次的模拟实验，这本书从2013年10月开始动工，到2015年6月才得以基本完成。此后，我又在工作中不断地对书稿进行补充和完善，至本书付梓之际，前后总共历时五年之久。可以说：创作这本书，实际上是一个颇具费时，但却也是一个高效而艰辛的工程！

当然，这本书的创作也注定是一个奇妙的、有趣的、充满各种历险的探索之旅。在这个旅程中，有时候，你会是一位主持人，你可以在这本书中采访诸位顶级大师，将他们的思想精华展现在你的文献综述中。有时候，你会是一位非常挑剔的工匠，各种数据就是你的石料，你需要不断的挑选、打磨、校准这些石料，以使它们满足你精心构建的理论模型。有时候，你又会变成一位交响乐指挥家，每个指标就如跃动的音符，在你的指挥下，幻化成一幅幅奇妙的波动图、直方图、散点图。而有时候，你又摇身一变，成为一名统领千军万马的元帅，看！这成千上万、跃然纸上的数据就是你的兵，各种先进的计量方法就是你高端的武器，复杂的理论模型就是你的战略战术，你纵横驰骋，不畏风险，攻下各个学术理论高地！然而，有时候，你也就是一位“非著名”的经济学者，你需要脚踏实地，耐住寂寞，抵抗住各种诱惑，按时完成每天的研究计划……

在这场难忘的理论旅行中，我要向以下尊敬的师长、领导表示衷心地感谢！是你们在我困难的时候，给我启迪，助我化险为夷，带给我快乐，使我最终成功到达了胜利彼岸！

首先，感谢厦门大学经济研究所的博士生导师林金忠教授！林教授是我在厦大读博期间的博士生导师。这本书的很多思想方法以及主要研究成果都源于我的博士论文。因此，这本书最终得以完成和出版，实际上离不开我在厦门大学期间，林金忠教授对我博士论文的精心指导。林导师严谨的治学态度、渊博的理论知识、高尚而谦和的人格魅力都将潜移默化地影响着我，使我终身受益；在本书出版之际，我要由衷地向林金忠导师表示深深的谢意！

感谢厦门大学经济研究所的博士生导师柏培文教授！柏教授在本书最后的修订阶段提供了宝贵且富有创见性的指导建议，并且又在百忙之中，不辞辛劳的为这本书出版进行专家推荐。在此，我要向柏培文教授致以诚挚谢意！

感谢我的学术博士后导师：中山大学管理学院的辛宇教授！辛导师在我的博士后工作期间给予了多方面的关照，特别是提供了许多他力所能及而且是无私而慷慨的帮助。对此，我要向辛宇导师表示特别地感谢！

最后，感谢我的企业博士后导师：珠海金融投资控股集团总经理谢伟先生！同时感谢中山大学·珠海金融投资控股集团博士后创新实践基地的诸位领导，他们是：广东金融资产交易中心副总经理高奇先生、珠海金融投资控股集团战略总监谢辉先生、珠海金融投资控股集团副总经理徐河军先生、横琴国际知识产权交易中心副总经理俞开江博士，感谢各位领导对博士后事业的重视，为博士后提供了优越的科研环境，特别是，在这本著作创作过程中，所给予我的理解与支持。

至此，我想以法国名著《小王子》中的一段话来结束这本书多姿多彩的创作之旅：在人生的旅途中，“每一个人都会遇见星星，但其中的含义却因人而异。对旅人而言，星星是向导；对其他人而言，它们只不过是天际中闪闪发光的东西而已；对学者而言，星星则是一门待解的难题；对我们那位商人来说，它们就是财富。不过，星星本身是沉默的。你——唯有你——才了解这些星星与众不同的含义……”

武剑

2019 年 1 月 9 日

于中国（广东）自由贸易试验区珠海横琴新区片区